AF329451

L'ABBÉ
JOSEPH SOULLARD

CHANOINE HONORAIRE

CURÉ DOYEN DE MATHA

Chevalier de la Légion d'honneur

SA VIE, SES ŒUVRES, SES VERTUS

PAR

L'Abbé J.-L.-M. NOGUÈS

CURÉ DE DAMPIERRE

SECRÉTAIRE DE LA COMMISSION DES ARTS ET MONUMENTS HISTORIQUES
DE LA CHARENTE-INFÉRIEURE,
ASSOCIÉ CORRESPONDANT NATIONAL DES ANTIQUAIRES DE FRANCE, ETC.

Amicus Dei appellatus est. (Jac. II, 23.
Il a été appelé là « vieil ami de Jésus ».)
(Ch. VIII.)

LIBRAIRIE RELIGIEUSE H. OUDIN

PARIS
10, RUE DE MÉZIÈRES

POITIERS
4, RUE DE L'ÉPERON

1895

L'ABBÉ JOSEPH SOULLARD

PRINCIPALES PUBLICATIONS DE L'AUTEUR

La voix de l'Amitié (ou l'Amitié, d'après Cicéron,
  saint Thomas, saint François de Sales, etc.). Paris,
  rue de Tournon, 29, Cherbulliez et Cie, éditeurs,
  in-12   3   »
Le Châtelier de Saint Séverin-sur-Bou-
  tonne, 2e édition, in-8. (Épuisé.)
Monographie de Dampierre (avec trois
  planches hors texte), in-8. (Épuisé.)
Recherches historiques sur l'antique ab-
  baye de Saint-Séverin, in-8. (Épuisé.)
Le petit Cours d'Harmonie pratique des
  jeunes virtuoses, J. Morpain, éditeur et
  collaborateur. Saintes 3 50
Le P. de Montfort d'après ses cantiques, in-8.
  (Épuisé.)
Les Mœurs d'autrefois en Saintonge et en
  Aunis. J. Prévost, éditeur, Saintes (2e édition),
  in-12 . . . .   3 50
Prêtre et Vierge (poème couronné au concours
  international de la *France littéraire*), Lacuve,
  éditeur, Melle (Deux-Sèvres). (Épuisé.)
Vie de l'abbé Soullard, in-12. Oudin, éditeur,
  Poitiers   3

L'ABBÉ JOSEPH FOULLARD.

L'ABBÉ

JOSEPH SOULLARD

CHANOINE HONORAIRE

CURÉ DOYEN DE MATHA

Chevalier de la Légion d'honneur

SA VIE, SES ŒUVRES, SES VERTUS

PAR

L'ABBÉ J.-L.-M. NOGUÈS

CURÉ DE DAMPIERRE
SECRÉTAIRE DE LA COMMISSION DES ARTS ET MONUMENTS HISTORIQUES
DE LA CHARENTE-INFÉRIEURE,
ASSOCIÉ CORRESPONDANT NATIONAL DES ANTIQUAIRES DE FRANCE, ETC.

Amicus Dei appellatus est. (Jac. ii, 23.)
Il a été appelé le « vieil ami de Jésus ».
(Ch. VIII.)

LIBRAIRIE RELIGIEUSE H. OUDIN

| PARIS | POITIERS |
| 10, RUE DE MÉZIÈRES | 4, RUE DE L'ÉPÉRON |

1895

LETTRE D'APPROBATION DE MGR BONNEFOY

ÉVÊQUE DE LA ROCHELLE ET DE SAINTES

La Rochelle, 3 décembre 1894

Fête de saint François Xavier.

MONSIEUR LE CURÉ,

Dans la plupart des diocèses de France, on garde avec honneur la mémoire des prêtres courageux qui réparèrent, à force de sacrifices, les ruines accumulées au début de notre siècle.

Leur histoire est une leçon éloquente ; elle pourrait être une prophétie. Si Dieu permet que nous traversions encore des jours difficiles, nous nous souviendrons de nos premiers prêtres, et nous dirons le « *Quid non potero quod ille et iste* » de la sainte et fraternelle émulation.

Le diocèse de la Rochelle, particulièrement fier de ses apôtres, vous sera reconnaissant de votre travail.

Les fondateurs de Chavagnes et de Pons, avec leurs missionnaires, leur collège et leurs religieuses-institutrices, furent les ouvriers providentiels de la résurrection chrétienne dans une contrée dévastée. Le vénéré M. Joseph Soullard est avec eux.

Elève du Père Baudouin, il marchera sur ses traces. La vie laborieuse qu'il a choisie dès sa jeunesse, il la parcourra jusqu'au bout. A cette âme éminemment sacerdotale, Dieu multipliera les épreuves. Le champ à cultiver est immense, car ce pauvre curé, transformé en missionnaire, n'a pas moins de cinquante paroisses, pendant plusieurs années, à partir des plus mauvais jours de 1830. Les âmes sont rebelles ; l'ignorance et la haine ont creusé un abîme entre elles et le prêtre ; l'éducation de l'enfance est presque impossible. Rien n'arrêtera la patience de l'humble apôtre : il se fera maçon, manœuvre, carrier, pour aider à la construction de ses écoles ; sa douceur désarmera la haine ; sa persévérance aura raison des obstacles. La tentation la plus décourageante ne lui sera pas épargnée : son évêque, mal informé, lui retirera sa confiance ; le respect et la soumission seront ses seules armes. Le secret de sa force est dans sa tendre piété envers Jésus, l'ami et le modèle du prêtre.

Ses œuvres demeureront, et le retour de cette contrée à la foi est le fruit de sa sainteté. Le nom de saint reste attaché à son nom. Ceux qui, par son historien, connaîtront ses vertus, aimeront à lui conserver le gracieux titre que lui donnait mon prédécesseur, le cardinal Thomas : « *le vieil ami de Jésus.* »

C'est de grand cœur, Monsieur le Curé, que je bénis votre livre. Il nous apprendra, à tous, que le prêtre peut vivre de piété et d'étude, dans les situations les plus laborieuses. Je dis d'*étude*, car votre héros, qui marchait tout le jour, lisait et écrivait la nuit : ses qualités littéraires eurent occasion de se produire. Appelé à soutenir de graves controverses, il ne fut pas plus inférieur à la mission d'instruire et de convaincre, qu'il ne fut inférieur à la tâche d'évangéliser. En

M. Joseph Soullard, la science du docteur aida le zèle du bâtisseur d'écoles, comme la fervente piété du prêtre acheva l'œuvre du convertisseur.

Puisse la lecture de cette sainte vie d'un homme de nos jours stimuler parmi nous l'esprit sacerdotal !

Puisse-t-elle montrer au monde ce qu'est le prêtre !

Des préjugés anciens, des malentendus habilement menés, quelques défaillances, hélas ! trop réelles, créent à notre ministère un ensemble de difficultés qui disparaîtraient, si l'on consentait à voir le prêtre sous son vrai jour.

Vous aiderez à cette œuvre de lumière et de réconciliation. Je vous en remercie au nom du clergé et du diocèse.

Veuillez agréer, Monsieur le Curé, l'assurance de mon religieux respect et de mon humble dévouement en Notre-Seigneur.

† FRANÇOIS,
Évêque de la Rochelle et Saintes.

PRÉFACE

Il n'avait été publié, sur le vénérable fondateur du petit séminaire de Matha, qu'une
intéressante Notice, écrite avec toute la délicatesse d'un cœur reconnaissant, par un de
ses élèves les plus distingués (1). Cependant,
le fidèle ami et confident du cher défunt,
M. l'abbé Hermantier, curé de Neuvicq, avait
déjà conçu le projet d'un travail plus étendu,
destiné à mettre pleinement en lumière une
vie si laborieuse et si édifiante. Les investi-
gations auxquelles il s'était livré; les documents qu'il avait rassemblés lui auraient per-

(1) *Notice sur M. l'abbé Soullard, chevalier de la Légion
d'honneur, supérieur du petit séminaire de Matha, sa vie, ses
œuvres, ses obsèques*, par l'abbé Carot, aumônier du Lycée
de la Rochelle. 1879, in-12, 42 pages.

mis, sans aucun doute, de mener à bonne fin son entreprise, si la mort ne l'eût prévenu au milieu de sa tâche.

Nous n'avons eu qu'à continuer les recherches pour compléter l'œuvre commencée.

Collaborateur du digne supérieur, pendant trois années ; préposé dans la suite, au poste de Dampierre-sur-Boutonne, qu'il avait occupé dès son début dans le ministère paroissial, nous avons fait appel à nos souvenirs personnels et à ceux de nos paroissiens les plus dignes de foi. Les *Lettres spirituelles* du saint homme, patiemment recueillies par M. l'abbé Carot, nous ont aussi fourni un précieux apport.

Telles sont les sources auxquelles nous avons puisé.

Nous avons raconté avec simplicité une vie assez intéressante par elle-même, pour se passer de vains ornements. Très sobre de considérations, nous laissons parler les faits : ils ont souvent leur éloquence.

En citant religieusement les paroles ou les écrits du pieux personnage qui nous occupe, nous avons cru employer le meilleur moyen de le faire connaître au lecteur. Il semble, de cette manière, qu'on le voit, qu'on l'entend, que l'on s'entretient avec lui.

Tout notre plan consiste à suivre, étape par étape, le ministre du Seigneur, à travers la longue carrière qu'il a parcourue : rien donc de moins étudié, et, à notre sens, de plus naturel.

Nous tenons, par-dessus tout, à protester de la scrupuleuse exactitude que nous avons conservée dans la relation des événements et des moindres détails, de quelque nature qu'ils soient. Si le premier devoir de tout historien est de fidèlement conformer son récit aux documents sur lesquels il s'appuie, à plus forte raison, ce devoir incombe-t-il à celui qui écrit la vie des serviteurs de Dieu ! Ferons-nous d'ailleurs remarquer qu'outre une biographie d'un caractère hagiographique, nous avons encore ici une page d'histoire locale ? Que d'événements en effet, relatifs au diocèse, dans une période de quatre-vingt-cinq ans !

L'on nous demandera peut-être quel motif nous a déterminé à écrire ce livre?

Nous répondrons que nous avons eu à cœur d'accéder aux désirs d'un grand nombre d'ecclésiastiques et de laïcs, et, en première ligne, de l'éminent archevêque de Rouen, le cardinal Thomas. Cette publication, réclamée depuis longtemps, nous a paru d'ailleurs se recommander à tous par sa réelle utilité. Les gens du monde y apprendront à mieux connaître le prêtre; les personnes consacrées à Dieu y trouveront de touchants exemples de foi, d'humilité, de désintéressement, de piété, de religieuse résignation dans les épreuves.

En terminant, et pour nous conformer aux intentions de plusieurs Souverains Pontifes, — particulièrement au décret du Pape Urbain VIII, — nous déclarons que, dans tous les titres que nous avons pu donner à celui dont nous esquissons l'histoire, aussi bien que dans l'appréciation de certains faits qui le concernent, nous n'entendons nullement prévenir le jugement de l'Église. En

tout et pour tout, nous nous inclinons humblement d'avance, devant son autorité suprême.

Dampierre-sur-Boutonne, 2 octobre 1893.

tout et pour tout, nous nous inclinons humblement d'avance, devant son autorité suprême.

CHAPITRE PREMIER

1795-1816

L'ABBÉ JOSEPH SOULLARD

CURÉ-DOYEN DE MATHA

SA VIE, SES ŒUVRES, SES VERTUS

CHAPITRE PREMIER

1793-1816

Naissance de Joseph Soullard. — Sa famille. — Sa première communion. — Un petit incident. — Le curé de Chambretaud lui donne les premières leçons de latin. — Il entre au petit séminaire de Chavagnes. — Le P. Baudouin. — M. Dargenteuil. — Comment il faillit perdre sa vocation. — Suppression du petit séminaire de Chavagnes. — Fondation du petit séminaire de Saint-Jean-d'Angély et du grand séminaire de la Rochelle. — L'incendie de 1813. — Joseph Soullard est appelé à la tonsure. — Il est reçu bachelier. — Son entrée au grand séminaire. — Il reçoit les Ordres mineurs. — Son sous-diaconat. — Il tombe dangereusement malade. — On l'envoie précepteur chez un neveu de M. Dargenteuil. — Quelles fonctions du saint ministère il est autorisé à remplir. — Il est promu au diaconat. — Son retour au grand séminaire pour se préparer à la prêtrise.

Joseph Soullard naquit aux Epesses, diocèse de Luçon, le 2 avril 1795, d'une honnête et pieuse

famille. Il était le neuvième de onze enfants (1).
Son père, Mathurin Soullard, et sa mère, Jeanne
Liard, avaient, pendant les sombres jours de la
Terreur, retiré chez eux, au péril de leur vie,
leur propre curé, M. de l'Humeau. Un jour qu'en
habits de campagnard, il se livrait, auprès de la
maison, à des travaux d'horticulture, des soldats
arrivèrent tout à coup, pour procéder à une visite
domiciliaire ; ils avaient ordre de se saisir du
prêtre, que Mathurin Soullard et sa femme étaient
accusés de recéler. Sans témoigner la moindre
émotion, Jeanne les fait entrer, et comme ils réclament le maître de céans, elle s'adresse, du seuil
de la porte, à M. de l'Humeau, qu'elle appelle par
son prénom : « Allez vite, mon fils, lui dit-elle,
chercher votre père. » Celui-ci arrive bientôt. On
scrute vainement les endroits les plus cachés de
l'habitation. Les soldats, déconcertés, se retirent,
et M. de l'Humeau échappe ainsi à la fureur révolutionnaire. Après la chute de Robespierre, il chan-
gea plusieurs fois de retraite, pour répandre çà et
là, en secret, les bienfaits du saint ministère, et
c'est ainsi que Joseph put recevoir le baptême (2).

(1) Cinq garçons et six filles.

(2) Le 2 avril 1795, a été baptisé Joseph, né de ce jour,
fils de Mathurin Soullard, laboureur, et de Jeanne Liard, sa

Profondément chrétiens, les deux époux conservaient au foyer de la famille, avec un soin jaloux, les vieilles habitudes religieuses de leurs ancêtres. La prière s'y faisait toujours en commun ; point de repas qui ne fût précédé du *Benedicite* et suivi des *Grâces*. Avant le « souper », on récitait le chapelet, et, pendant que les églises profanées, veuves de leurs pasteurs, restaient fermées de tous côtés, l'aîné des fils, qui avait naguère accompli le devoir de la première communion, enseignait le catéchisme à ses frères et sœurs, sous le regard du père et de la mère (1). Aussi, la maison paternelle était-elle un sanctuaire, où les plus beaux enseignements de la religion se traduisaient par la pratique des plus douces vertus.

Joseph se montra digne de cette éducation première. Il suça, pour ainsi dire, la foi avec le lait maternel, et manifesta de bonne heure d'heureuses dispositions pour la piété.

femme. Ont été : parrain, Pierre Soullard, cousin de l'enfant, qui a signé ; marraine, Jeanne Soullard, qui a déclaré ne savoir signer. De l'Humeau, curé des Epesses. — Certifié conforme, le 12 février 1812. Signé : Pailla, curé des Epesses.

(1) Témoignages de Mme Veuve Berthelot, sœur de J. Soullard.

Quand, plus tard, la paix eut été rendue à l'Église, Joseph, ayant atteint l'âge requis, fut admis avec son frère René, plus âgé que lui, au catéchisme de la première communion. Il s'y distingua par sa docilité, son application, sa vive intelligence et une inclination naturelle pour les choses de Dieu. Chaque matin, il accourait à l'église pour y répondre la messe : son recueillement était exemplaire.

Le zélé pasteur qui le préparait à ce grand acte de la vie chrétienne, M. Gabard, curé de Chambretaud (1), fut frappé des qualités qui brillaient dans cet enfant. Il se plut à suivre de plus près cette petite nature, si avantageusement douée du ciel, et crut y reconnaître bientôt des marques certaines de vocation à l'état ecclésiastique.

Un matin, il voulut sonder plus intimement ses dispositions ; il lui posa une foule de questions, qui piquèrent vivement la curiosité de l'enfant. Après la messe, il lui dit : « Je crois bien maintenant, mon petit Joseph, que tu dois avoir un secret à me confier... » Joseph, fort surpris, ne sut que répondre. « Puisque tu restes muet, re-

____

(1) Probablement parce qu'il n'y avait pas alors de curé aux Epesses.

prit M. Gabard, eh bien! je vais te le dévoiler, ton secret... N'est-il pas vrai que tu serais heureux d'être prêtre ? » — « Oh! » fit Joseph, rayonnant de joie, et tendant les deux bras vers le bon curé, comme pour l'embrasser... « Bien! mon petit ami, poursuivit l'aimable interlocuteur, en pressant sa joue sur la sienne... bien! tu seras prêtre un jour, si tu es sage ; va !... »

L'enfant partit sans pouvoir articuler une parole : son cœur battait à se rompre.

Le jour même, M. Gabard communiqua ses intentions aux parents. Jeanne et Mathurin objectèrent d'abord leur pauvreté, estimant d'ailleurs que c'était là un honneur bien au-dessus de leur modeste condition ; mais le ministre de Jésus-Christ les rassura : « Dieu n'a-t-il pas choisi, leur dit-il, ce qu'il y a de plus humble pour confondre l'orgueil du siècle (1) ? N'a-t-il pas pris douze pauvres pêcheurs pour en faire ses apôtres ? Confiez-vous donc en ses soins paternels ! »

Une circonstance toute particulière confirma le curé de Chambretaud dans ses desseins.

Le jour de la première communion était arrivé ; tout était prêt pour la fête. Joseph, accompagné

____

(I) I Cor. 1, 27.

de son frère René, quittait la maison pour se rendre à l'église, quand, distrait soudain, comme on l'est à cet âge, il cueille une fève et la mange, avant même que René s'en soit aperçu.

Hélas! l'étourderie était à peine commise, que le regret s'annonçait par des larmes. Confus de sa légèreté, il s'empresse d'exprimer à M. Gabard toute sa désolation. Ce n'est pas sans peine que celui-ci parvient à le consoler. « Comprenez par là, mon enfant, lui dit-il, combien il importe d'être toujours saintement vigilant, quand il s'agit d'aller à Dieu. » Joseph n'oublia jamais ce conseil. Il se soumit alors à cette épreuve, avec une si touchante résignation, convenant humblement que le bon Dieu l'avait permise pour son plus grand bien, que le prêtre en fut sensiblement ému ; dès le jour même, il le prit pour élève.

Cet incident que Joseph Soullard prenait plaisir à raconter plus tard, laissa dans son cœur une impression profonde. A la façon dont il le commentait, on voyait bien que, si, au jour fixé, il avait été privé du bonheur de faire sa première communion, il ne s'en était trouvé le lendemain que plus parfaitement disposé à recevoir le Dieu de l'Eucharistie. Et dans cette union ineffable avec le divin Maître, avec quelle ferveur, comme nous l'apprend son confident et son ami, ne se promit-il pas d'être tout et toujours à lui !

« Puisque le bon Jésus est tout à Joseph, je veux, disait-il, être à jamais le petit Joseph de Jésus ! » Délicieux écho d'une âme innocente et pure, qui se donne irrévocablement au Seigneur ! Car sa consécration à Dieu, sa vocation datent de cet heureux moment ; il aimait à évoquer ce souvenir (1).

Il abandonna dès lors la garde des troupeaux, pour commencer l'étude du latin sous la direction de M. Gabard, et souvent il se disait : « Est-il possible que le bon Dieu veuille que je sois prêtre un jour ! oh ! quel honneur pour moi, pauvre petit berger ! » Et il se proposait de faire les plus généreux efforts, pour mériter cette insigne faveur. La sainte communion l'aidait puissamment à persévérer dans ses généreuses résolutions. C'est là qu'il puisait, avec cette suave et onctueuse piété, charme de toute sa vie, cette ardeur persistante pour le travail, qui lui permit de réaliser, en peu de temps, de très rapides progrès. Aussi l'excellent maître jugea bientôt qu'il était opportun de le placer au séminaire.

(1) L'abbé Hermantier.

C'était en 1808. La maison de Chavagnes était alors dirigée par le P. Baudouin. Nommer cet homme de Dieu, c'est rappeler une exquise bonté, une science incontestable, un esprit de direction supérieur, unis au prestige de la sainteté. M. Gabard fut heureux de remettre entre des mains si dignes son bien-aimé Joseph. Grande fut la joie de l'élève ! Là, il allait trouver tout ce qui pouvait pleinement répondre aux aspirations de son âme : il est constant qu'il y porta son innocence baptismale (1).

De quelle vive et affectueuse reconnaissance ne fut-il pas dès lors pénétré pour ses pieux parents, qui reconnaissaient dans la vocation de leur fils une grâce privilégiée du ciel ! Et jamais ces sentiments ne s'affaiblirent dans son cœur. « Si je suis prêtre, disait-il cinquante ans plus tard, je le dois au mérite de mes vertueux parents, qui m'ont élevé dans la crainte du Seigneur. » Et comme on déplorait, un jour, devant lui, le sort des enfants qui acquièrent, au sein de la famille, les premières notions du mal, il repartit : « Nous n'avons pas eu ce malheur, nous qui sommes nés dans un pays catholique, et qui pou-

(1) L'abbé Hermantier.

vous dire avec l'assurance que donne une vie vraiment chrétienne : *Nous sommes les enfants des saints* (1). » Et il ajouta : « Oui, je puis le dire devant le bon Dieu, sans exagération, j'ai eu de bons parents, des parents chrétiens, sincèrement chrétiens, qui sont allés m'attendre au ciel ; car ils fréquentaient les sacrements avec tant de respect, tant de foi et tant d'amour, que j'ai la douce confiance qu'ils sont au nombre des élus. »

Le curé de Chambretaud, en présentant son élève au P. Baudouin, le lui avait recommandé comme un enfant « de précieux avenir » pour l'Église. Le nouveau séminariste ne tarda pas à faire concevoir de lui les plus belles espérances. « La vivacité de son esprit, son amour du travail, sa piété, son caractère aimable, lui gagnèrent promptement l'affection de ses maîtres et de ses condisciples. Chaque année, il remportait de nombreuses couronnes, qui attestaient le succès de ses études et faisaient pressentir ce qu'il serait un jour (2). »

Deux années s'étaient ainsi écoulées, calmes et

(1) Tob. ii, 18.
(2) *Notice sur l'abbé Joseph Soullard*, par M. l'abbé Carot, p. 7.

paisibles, sous l'œil de Dieu. L'heure de l'épreuve sonna bientôt pour sa vocation.

Une de ses sœurs vint à se marier. Joseph fut naturellement de la fête. Il avait alors environ quinze ans. Résister à l'attrait du plaisir, alors surtout qu'il se voyait recherché de tout ce qu'il y avait de « jeunesse » autour de lui, eût été un acte héroïque auquel il n'était guère capable de songer. Sans excès, mais avec tout l'entrain de sa nature franche et naïve, il prit donc part aux jeux et aux divertissements. Il n'y avait pas là assurément ombre de mal; pourtant, il n'en fallut pas davantage pour troubler son cœur. Les réjouissances nuptiales une fois terminées, son esprit fut obsédé de mille souvenirs. Le bonheur d'avoir su plaire, les complaisances dont il avait été l'objet, la sympathie qu'il avait inspirée, tout lui revenait à la pensée. Ses bonnes résolutions en furent un instant ébranlées. Il comprit, dès lors, que les plaisirs du monde, encore même qu'ils n'altèrent en rien l'innocence, exercent toujours sur une âme virginale une pernicieuse influence. « Voilà, rappelait-il un jour, comment j'aurais pu facilement perdre ma vocation ! »

Mais la fidélité avec laquelle il répondait aux grâces du ciel, la sage direction qu'il recevait au séminaire, le raffermirent bientôt dans ses saintes dispositions.

Le P. Baudouin, élève de Saint-Lazare, avait alors pour l'aider dans sa tâche, le modeste et savant abbé Dargenteuil, élève de Saint-Sulpice. Ils réunissaient ainsi les lumières et les pieuses traditions des deux plus célèbres séminaires de France. Que ne pouvait-on pas attendre de tels maîtres, pour la formation des nouvelles recrues sacerdotales, destinées à consoler l'Eglise de la Rochelle, et à la relever de ses ruines !

Le vénérable supérieur se réjouissait de voir sa jeune famille croître en nombre et en vertu, quand un événement imprévu vint jeter dans les cœurs le deuil et la consternation.

Bonaparte était à l'apogée de sa puissance et de sa gloire. Il avait vu l'Europe entière plier devant lui ; seul, le chef de l'Eglise catholique, l'auguste Pie VII, qu'il retenait captif à Savone, résistait avec calme à ses injustes prétentions.

Le conciliabule de Paris (juin 1811), réuni dans le but de saper l'autorité papale, avait provoqué dans les rangs de l'épiscopat de vives protestations. Mgr Paillou, évêque de la Rochelle (1),

(1) Sacré à Paris, le 2 février 1805, par Sa Sainteté le Pape Pie VII. Sa prise de possession n'eut lieu que le 24

était un de ces vaillants apôtres qui s'étaient levés pour défendre la suprématie pontificale. Esprit élevé, caractère plein de grandeur et de fermeté, alliant à une bonté toute paternelle une activité et une énergie peu communes, il n'avait pas hésité à encourir la disgrâce de l'empereur, plutôt que de fléchir le genou devant le despote.

Le monarque voulut se venger de la résistance des prélats. Ne pouvant directement les atteindre, il frappa l'œuvre qu'ils avaient le plus à cœur : un décret impérial, en date du 5 octobre, supprima la plupart des petits séminaires. Chavagnes fut de ce nombre.

Affligé au delà de toute expression, le P. Baudouin confia tout d'abord son troupeau au Seigneur, et adressa ses derniers conseils à ses chers enfants, car l'ordre de se disperser exigeait un prompt accomplissement : les prix furent donnés deux mois plus tôt.

« Il me semble, écrivait Joseph Soullard dans sa déposition relative au procès de béatification du P. Baudouin (1), il me semble voir encore le saint homme, assis au coin nord-ouest de l'im-

juin 1806. Il avait déjà refusé deux sièges épiscopaux. Il était âgé de 70 ans.

(1) V. à l'Appendice.

mense salle d'étude, entouré de ses professeurs consternés comme lui, roulant dans ses yeux des larmes que la résignation s'efforçait de retenir. Il nous donnait ses avis, nous signalait nos dangers, en nous exposant ses craintes sur notre sort présent et sur notre avenir: le pasteur étant frappé, la dispersion du troupeau était bien menaçante... »

Le P. Baudouin fit pourtant briller aux yeux de tous un rayon d'espérance. Dieu, il en avait la douce confiance, accorderait bientôt à ses pauvres brebis un autre bercail, où, malgré la fureur des temps, leur innocence et leur vocation seraient en sûreté.

Après quelques démarches couronnées de succès, il fut décidé, peu de temps après, que l'on transporterait les débris du petit séminaire de Chavagnes à Saint-Jean-d'Angély. La ville avait offert l'ancien couvent des Bénédictins, dont l'aile principale avait été restaurée à cet effet. Sur la requête des habitants, l'abbé Dargenteuil fut nommé par Mgr Paillou supérieur de l'établissement, pendant que le P. Baudouin fondait le grand séminaire à la Rochelle.

Le 1ᵉʳ novembre 1812, l'abbé Dargenteuil était installé dans ses nouvelles fonctions. Joseph Soullard avait alors 17 ans; il venait de prendre l'habit ecclésiastique, en terminant sa classe de troisième. « Nous arrivâmes, dit-il, cinquante élèves de Chavagnes, bien résolus d'y faire revivre l'esprit de notre ancienne maison, et animés d'un zèle, sinon bien éclairé, du moins bien ardent (1). »

L'administration diocésaine avait adjoint à M. Dargenteuil deux jeunes collaborateurs d'un mérite incontestable : M. Fradin et M. Mareschal (2). L'Université ayant refusé de les agréer comme professeurs, ils prirent le titre de maîtres répétiteurs, et partagèrent avec leur distingué supérieur le soin de la direction.

Mais les élèves ecclésiastiques devaient suivre les cours du collège et « l'on peut dire, sans craindre d'exagération, que jusque-là cet établissement avait été une école où l'on apprenait bien plus le vice que la science. L'instruction religieuse y était nulle, et si quelques-uns des enfants qu'on y élevait n'avaient trouvé dans leurs familles quelques notions du christianisme, à quinze ans,

______

(1) Dans la *Vie de Dargenteuil*, par l'abbé Rainguet, ce nombre est porté à 70. Il faut sans doute comprendre dans ce nombre les retardataires que des circonstances particulières avaient retenus.

(2) Il succéda plus tard à M Dargenteuil, comme supérieur de la maison.

ils n'eussent pas même su ce que c'était que Jésus-Christ. La corruption y était ce qu'elle doit être, toutes les fois que le frein de la religion vient à manquer : les désordres de plusieurs étaient publics, sans qu'on songeât à les en reprendre ; souvent même, les maîtres s'étaient servi du peu d'influence qu'ils avaient sur leurs élèves, pour leur inspirer de funestes préventions contre la religion et ses ministres ; et quelques-uns, non contents de rendre facile à leurs élèves la lecture des mauvais livres, leur lisaient quelquefois en classe des ouvrages scandaleux. L'immoralité avait été si loin en 1812, que le principal, qui entra en charge au moment où Dargenteuil fut nommé supérieur du petit séminaire (c'était le cinquième depuis 1804), avait refusé d'admettre quelques anciens élèves, de peur qu'ils ne perdissent les autres (1). »

« Quelle dure transition pour nous, écrivait J. Soullard, passer de l'asile de la vertu et de l'innocence, au centre même de la corruption et du vice ! Aux entretiens pieux, aux conversations honnêtes et de bon goût, voir succéder des propos impurs, des blasphèmes, des impiétés !... »

Ce brusque changement, quelque triste qu'il

(1) *Vie de Dargenteuil*, par l'abbé Rainguet, page 141.

fût, n'eut pas les fâcheux résultats qu'on en pouvait redouter. Etroitement unis à leurs vertueux directeurs, les élèves du petit séminaire opposèrent à la licence des collégiens, l'obéissance, la réserve, la modestie, l'application à l'étude. Ceux qui portaient le vêtement ecclésiastique entourèrent d'une sage vigilance leurs condisciples plus jeunes, et contribuèrent ainsi grandement à les préserver de la funeste influence du mauvais exemple et de l'entraînement au mal.

« Nous fûmes d'abord un peu étonnés et surpris, disait J. Soullard, mais bientôt l'assurance nous revint. Le calme se fit dans nos âmes ; nous étions pieux, réguliers, chastes à Saint-Jean-d'Angély, comme à Chavagnes. Dieu est partout ; il s'agit de savoir l'y trouver : Daniel et ses compagnons le louaient à Babylone comme à Jérusalem. »

Grâce au bon vouloir des élèves, grâce à la sage et prudente direction des maîtres, le petit séminaire de Saint-Jean-d'Angély s'établissait ainsi peu à peu sur des bases solides ; tout permettait d'augurer favorablement de l'avenir. Malheureusement une catastrophe effroyable arrêta les progrès de l'œuvre, qui avait coûté déjà tant de peines et de sacrifices.

Dans la nuit du 3 au 4 mars 1813, alors que toute la communauté se livrait au sommeil, trois élèves sont éveillés par un bruit sourd et prolongé. Ils crurent d'abord entendre souffler le vent ; mais bientôt la lueur des flammes les tira d'erreur. Ils se lèvent avec précipitation, jettent un cri d'effroi, et vont semer l'alarme dans la ville. La frayeur est extrême. « On nous fit descendre précipitamment dans la cour, écrivait J. Soullard, les uns à demi vêtus, les autres presque nus. Nous restâmes là jusqu'au jour, terrifiés par la violence de l'incendie, les craquements des poutres et l'effondrement des planchers. Nous oubliant nous-mêmes, nous pleurions le malheur qui frappait notre bien-aimé supérieur, dont la douleur était indicible. »

Le feu, qui avait pris à l'extrémité des bâtiments contigus à l'église paroissiale, avait déjà fait, quand on s'en aperçut, des progrès effrayants. Parvenu à la charpente, il s'étendait dans les combles de l'édifice, sous une toiture d'ardoises, qui pétillaient et laissaient jaillir la flamme. Il n'était pas possible d'y opposer une résistance sérieuse (1). Les pertes furent considérables (2),

(1) *Vie de Dargenteuil, passim.*
(2) Elles furent évaluées à près de 160,000 francs.

mais il n'y eut pas d'accident de personne à déplorer.

Les principales familles de Saint-Jean-d'Angély montrèrent un généreux empressement à recueillir les élèves du petit séminaire, et à réparer les désastres causés par le feu. S'il y eut des moments de désolation, ils furent de courte durée ; en peu de temps, l'abbé Dargenteuil put réunir et surveiller son troupeau dispersé. On ne saurait dire ce qui, dans ces pénibles et douloureuses circonstances, fut le plus digne d'admiration, ou de la charité des habitants de la ville, ou de la résignation et de la docilité des élèves, ou du zèle infatigable des maîtres et du vénéré supérieur (1).

C'est au milieu de ces rudes épreuves (3 avril), que J. Soullard fut appelé à la tonsure ; il faisait sa rhétorique. Cette faveur était alors accordée dès le petit séminaire aux élèves les plus édifiants. Or, le pieux jeune homme y était consi-

(1) L'abbé Dargenteuil, d'abord vicaire à Charente, avait été appelé à Chavagnes par le P. Baudouin, pour y professer la théologie. Prêtre d'une grande piété et d'une très haute capacité, il fut envoyé de là à Saint-Jean-d'Angély. Après tant de secousses portées à son cœur, il mourut à l'âge de 33 ans, le 15 février 1816. Il était vicaire général du diocèse depuis trois ans.

déré comme un modèle. D'après le témoignage d'un de ses condisciples et amis (1), « le premier en tout par ordre de mérite, il édifiait par sa modestie et sa régularité. Pendant les récréations, on le voyait entouré d'une nombreuse escorte, qu'il divertissait par les saillies de son esprit, par ses reparties fines et empreintes d'une aimable candeur. En même temps qu'il amusait par ses intéressantes conversations, il charmait par sa réserve, sa charité, sa bonté, en sorte qu'il était pour tous le type du jeune homme aimable et justement aimé. »

Après avoir obtenu le diplôme de bachelier ès lettres, titre assez rare à cette époque, il entra (1814) au grand séminaire, à la Rochelle, heureux de se retrouver sous l'égide du P. Baudouin, pour lequel il professa, toute sa vie, la plus affectueuse vénération. Là, il se forma à la pratique de toutes les vertus sacerdotales, et certes, il avait sous les yeux de bien parfaits modèles ! Ce que demandait surtout de ses jeunes lévites l'éminent supérieur, c'était « une piété dont la foi fût l'unique mobile, une piété d'une invariable régularité dans tous ses actes, mue par la conscience

(1) M. l'abbé Chemin.

du devoir, et non par le sentiment, le caprice ou les circonstances ». J. Soullard fit de cette doctrine la règle de sa conduite, et plus tard, il la rappelait aux élèves du sanctuaire, dont il avait dirigé les premiers pas dans le chemin de la science et de l'amour de Dieu, et il ajoutait comme saint Paul : *Hæc meditare, in his esto :* Faites-en l'objet de vos méditations, appliquez-vous-y de toutes vos forces (1) ! »

Dans cet esprit, il reçut les ordres mineurs, le samedi des Quatre-Temps, 9 mars 1816. Le 16 mai 1817, il lui fut permis de faire « le pas décisif », qui l'engageait pour jamais au service de Dieu et de sa sainte Église. A cette heure solennelle, où, par le sous-diaconat, il se consacre à Dieu d'une manière irrévocable, plus d'un jeune aspirant au sacerdoce a senti frémir son cœur, en interrogeant l'avenir. J. Soullard n'éprouva aucune hésitation, aucune inquiétude. « Je n'ai jamais douté de ma vocation, disait-il ; aussi, suis-je allé à Dieu, sans peur et sans réserve. »

Mais la force physique du futur ministre de Dieu était loin d'égaler sa force morale. La fati-

____

(1) Ep. I ad Tim. IV, 15.

gue d'une vie sédentaire, l'assiduité à l'étude des sciences ecclésiastiques, et surtout de la théologie, les mortifications corporelles que l'on pratiquait, particulièrement au temps du Carême (car alors, tous observaient rigoureusement la loi du jeûne), avaient grandement ébranlé sa santé.

Un violent crachement de sang s'était déclaré, et inspirait les plus sérieuses inquiétudes. L'on craignait, et non sans raison, qu'il fût incapable de jamais remplir les fonctions ecclésiastiques. Les grands vicaires allèrent jusqu'à reprocher à Mgr Paillou de lui avoir imposé le sous-diaconat. Mais Dieu veillait sur son enfant. Son état exigeant du repos et des soins qu'il ne pouvait trouver au séminaire, M. Robert, curé d'Aulnay, le plaça près de lui, en qualité de précepteur, chez un neveu de l'abbé Dargenteuil, M. Galard, notaire.

Par l'aménité de son caractère, par ses qualités intellectuelles, par sa franche piété, sa retenue, sa rare modestie, l'abbé Soullard conquit bientôt l'estime et l'affection de tous.

Comme le nombre de prêtres était alors fort restreint, Mgr Paillou avait autorisé le jeune sous-diacre à faire les catéchismes, à baptiser en l'absence du curé, à prêcher et à présider aux obsèques. Les exigences du saint ministère appelant bien souvent M. Robert au loin, l'abbé J. Soullard rendit, de la sorte, de nombreux services à la population d'Aulnay et des environs, et acquit par là, au bout de quelque temps, une certaine popularité.

Le 19 septembre suivant, il fut ordonné diacre dans l'église de la Flocellière (Vendée), par Mgr Paillou, qui possédait alors dans cette localité une habitation où il passait, chaque année, plusieurs semaines.

Peu à peu, sa santé s'améliora. Au mois d'octobre de la même année, il retourna au séminaire, pour s'y préparer à la prêtrise. « J'eus le bonheur, dit-il dans la *Déposition* précédemment citée, de servir la messe tous les jours de mon année de diaconat, au vénérable P. Baudouin ; il aimait à avoir à ses côtés, à l'autel, un diacre avec surplis et étole... » Il était donc, mieux que personne, à même de voir et de juger avec quelle ferveur angélique, ce saint prêtre célébrait les divins mystères. Il devait plus tard en rendre un éclatant témoignage, et en donner lui-même l'exemple. Aussi, pouvons-nous dire en toute vérité, avec l'Ecriture : *Filius sapiens, doctrina*

Patris (1) : « digne fils, formé à l'école d'un tel père ! »

(1) Le P. Baudouin (Louis-Marie) est né à Montaigu, le 2 août 1765. Ordonné prêtre en 1789, il fut d'abord vicaire chez son frère, curé de Luçon. Incarcéré à Fontenay-le-Comte, en 1792, puis exilé en Espagne, il ne put rentrer en France qu'en 1797. Il se fixa alors aux Sables. Fondateur des *Ursulines*, dites *Dames de Chavagnes*, et du petit séminaire de Chavagnes, il prit en 1811 la direction du grand séminaire de la Rochelle. Lors du rétablissement du siège épiscopal de Luçon, en 1821, il fut rappelé dans son diocèse, nommé chanoine, vicaire général, et supérieur du grand séminaire. En 1828, épuisé de fatigue, il donna sa démission, se retira à Chavagnes, et y mourut en odeur de sainteté, le 12 février 1835. Le P. Baudouin est aussi le fondateur des *Enfants de Marie Immaculée*.

CHAPITRE SECOND

1818-1827

CHAPITRE SECOND

1818-1827

Prêtrise et première messe. — J. Soullard est nommé à la
cure de Dampierre. — Où il s'installe à défaut de presbytère. — L'hospitalité du maire. — La famille Le Long. —
Il se fixe à Blanzay. — Comment il apprend aux campa-
gnards à chanter les bienfaits de Dieu. — Les premières
communions. — Il est chargé de la direction des Ursulines
d'Aulnay. — Son école ecclésiastique de Blanzay. — Il
refuse la cure de la Gaubretière. — Il manifeste le désir de
partir pour les missions étrangères. — Ce qui le retient.
— Haute idée qu'il inspire de sa vertu. — Exemples de
charité et d'abnégation. — Il est appelé à la cure de
Matha.

C'est dans la chapelle de l'évêché, à la Rochelle,
que l'onction sacerdotale lui fut conférée, le 19 décembre 1818, avec dispense d'âge (1). Comme
il avait été invité longtemps d'avance à célébrer
sa première messe à Aulnay, il se rendit dans la
famille Galard, heureuse en cette circonstance,

(1) Il était alors dans ses 24 ans (23 ans et 9 mois). —
Conc. Trid., Sess. 20, cap. XII.

1°·*

de lui donner une nouvelle preuve de l'affectueux intérêt qu'elle lui portait. La fête fut magnifique. Une nombreuse et sympathique assistance se pressait dans l'enceinte de la vieille église bénédictine : on voulait voir à l'autel le nouveau ministre du Seigneur, dont l'affabilité simple et charmante avait laissé partout d'agréables souvenirs ; on voulait recevoir la première bénédiction de celui que l'on appelait « le petit saint ». Le vieux curé, M. Robert, était près de lui, pour l'assister au milieu des émotions de cette auguste cérémonie. Sa famille, hélas ! ne pouvait être présente, mais celle qui l'avait accueilli avec tant de bienveillance, quand il n'était encore que sous-diacre, était là pour la représenter. Bien plus, elle se fit un honneur, après le divin sacrifice, de réunir à sa table les meilleurs amis du jeune prêtre ; aussi, garda-t-il toute sa vie la plus vive reconnaissance pour ceux qu'il regardait comme ses bienfaiteurs.

Mgr Paillou l'ayant déjà désigné pour la cure de Dampierre, il prit, dès le lendemain possession de son poste. Cette nomination ne le rapprochait point de « sa chère Vendée, qu'il aimait comme sa patrie, et surtout comme pays où Jésus est toujours aimé, et sa sainte loi, tant méprisée

ailleurs, encore respectée et observée avec bonheur » (1); toutefois, il ne s'éloignait pas de ses
excellents amis d'Aulnay (2).

La paroisse qui lui était confiée n'avait été pri-
vée de pasteur, depuis la Révolution, que de 1816
à 1818; encore, le service paroissial n'y avait-il
jamais été complètement interrompu. Dès 1802,
et peut-être avant, un Vendéen, M. Fuzeau,
prêtre d'un dévouement et d'une vertu hautement
reconnus, y exerçait le saint ministère. En 1815 (3),
il quitta Dampierre pour Villeneuve-la-Comtesse.
M. Lavieil, qui lui succéda, n'y resta guère plus
d'un an, parce qu'il n'y avait pas de cure (4).

L'ancien presbytère, qui menaçait ruine, avait
été renversé en 1811, et n'avait pas encore été
reconstruit (5); aussi, grand fut l'embarras dans
lequel on se trouva, quand on fut informé de

(1) Lettre du 29 novembre 1872.

(2) Dampierre n'est qu'à huit kilomètres d'Aulnay, dans
un site des plus pittoresques. Ces deux localités faisaient
partie de l'ancien Poitou.

(3) *Registre des délibérations du conseil de Fabrique de
Dampierre.*

(4) M. Fuzeau fut de nouveau chargé du service de Dampierre, tout en demeurant à Villeneuve. Il y mourut peu de
temps après l'arrivée de M. Soullard.

(5) *Registre des délibérations du conseil de Fabrique de
Dampierre.*

l'arrivée de l'abbé Soullard. L'on ne comptait point, vu la pénurie de prêtres dans le diocèse, d'avoir sitôt un desservant. Pourvoir immédiatement au logement du nouveau pasteur, était chose assez difficile ; mais il ne s'en préoccupa nullement. Après avoir visité l'église, il prit le parti d'installer son mobilier dans l'ancienne chapelle seigneuriale, — actuellement chapelle de la Sainte-Vierge, — démunie d'autel, mais pourvue d'une cheminée (1) ; il espérait y loger, pensant que le disciple y serait au mieux, tout près du maître, quand un bon et respectable vieillard, M. Dupond, maire de la commune, insista fortement pour qu'il acceptât l'hospitalité chez lui, bien qu'il n'eût à lui offrir qu'une modeste cellule. L'abbé Soullard céda. La chambrette, où il ne passait guère que la nuit, fut toujours dénommée depuis « la chambre au curé » (2).

Il y avait alors à Blanzay, petite paroisse distante de trois kilomètres, une vieille et très chrétienne famille, fort désireuse d'avoir le prêtre plus près d'elle, estimant sa présence comme un bien-

____

(1) V. notre *Monographie de Dampierre*, page 4.

(2) On ne l'a fait disparaître que depuis quelques années. On conserve encore le lit où il concha, et qui porte le nom de « lit du curé ».

fait, comme un gage des bénédictions du ciel. Comprenant toute l'incommodité d'une semblable situation pour l'abbé Soullard, M. Le Long (1) vint un jour mettre gracieusement à sa disposition les bâtiments attenants à l'église, qui constituaient l'ancienne cure, et dont il était propriétaire. Cette aimable proposition fut accueillie avec une profonde gratitude. On transporta donc à Blanzay l'ameublement curial, provisoirement déposé dans l'église de Dampierre, et dès lors il s'établit entre la famille Le Long et « son humble obligé », des relations d'amitié, que la mort seule pouvait rompre.

Plein du désir ardent de travailler à la gloire de Dieu, et de se dévouer au salut des âmes, il se mit résolument à l'œuvre, parcourant le pays en véritable missionnaire, baptisant, assistant les malades, enterrant les morts, catéchisant, en un mot, se faisant tout à tous, à l'exemple de saint Paul (2). Et quel vaste champ s'ouvrait au zèle de l'apôtre ! Douze paroisses se réclamaient de son zèle (3) !

(1) M. Le Long, grand-père maternel de M. Henri Fradin de Bellâbre, habitant actuellement la maison de famille, à Blanzay, était alors maire de la commune.

(2) I Cor. ix, 22.

(3) Dampierre, la Villedieu, Blanzay, Saint-Georges-de-Longuepierre, Nuaillé, Saint-Pierre-de-l'Ile, Coivert, la Croix-Comtesse, Saint-Martial, Villenouvelle, Villeneuve, Saint-Séverin.

« On était alors aux premières années de la Restauration. La France, qui respirait enfin après de longs orages, regardait du côté du ciel et parlait de Dieu avec plus d'amour. On avait assez entendu tous les bruits de la terre ; on voulait se recueillir un peu pour écouter l'harmonie du monde futur et les inspirations du ciel (1). » Aussi le prêtre était-il accueilli, dans nos campagnes, comme l'envoyé de Dieu ! Si la tâche était immense, le Seigneur proportionnait les consolations aux fatigues de l'ouvrier !

Dès le début de son ministère, l'abbé Soullard comprit toute la sublimité de sa mission, et, pour en hâter les résultats féconds, il usa d'une de ces pieuses industries, dont les saints ont seuls le secret !

Afin de suggérer à l'homme des champs la pensée de bénir, au milieu des pénibles travaux de chaque jour, celui qui donne à la terre sa fécondité, il s'avisa de chanter à gorge déployée, pendant les courses presque continuelles auxquelles l'assujettissait le ministère pastoral, le cantique d'actions de grâces du B. de Montfort :

> Bénissons à jamais
> Le Seigneur dans ses bienfaits !

(1) Notice sur M. l'abbé Soullard, par l'abbé Carot, p. 8.

On fut d'abord un peu surpris; on écouta avec
curiosité. Les paroles étaient si faciles à retenir,
l'air était si entraînant, qu'on prit plaisir à les
répéter tout bas. Quand il eut obtenu, par cette
petite tactique, le résultat qu'il attendait, il enga-
gea ceux qu'il apercevait çà et là, à joindre leurs
voix à la sienne, et bientôt la « chanson du curé »
fut dans toutes les bouches.

« C'était vraiment chose charmante, écrivait un
habitant de Blanzay, d'entendre, dans la campagne,
la voix vibrante et sonore de notre jeune curé,
se rendant d'une église à l'autre, d'un pas agile,
et chantant à pleins poumons les louanges de
Dieu ! Nous trouvions son chant si beau, que
vignerons, laboureurs et bergers, nous lui fai-
sions écho. A peine sa voix avait-elle frappé nos
oreilles, que chacun répondait à l'envi, en sorte
que tous les jours, les airs retentissaient de l'invitation adressée aux anges d'exalter le Seigneur :

> Bénissez-le, saints anges,
> Louez Sa Majesté... etc.

Vingt ou vingt-cinq ans plus tard, alors qu'il
revenait avec un de ses proches visiter les lieux
qu'il avait jadis tant de fois parcourus, ce couplet,
suivi de son refrain, jeté aux vents du ciel par

une voix rude et puissante, arrivait distinctement jusqu'à lui.

« Tu ne saurais croire, disait-il à son compagnon de voyage, quel plaisir j'éprouve à revoir ces contrées, où il est bien rare, comme tu viens d'en être témoin, que je n'entende chanter quelque vieux cantique de mission ou de première communion, qui réveille en ma mémoire le souvenir des bonnes années passées au milieu de ces populations (1). »

Quelle douce satisfaction, en effet, pour le pasteur, de constater ainsi que le fruit de son zèle survivait longtemps après son départ !

Les premières communions laissèrent des souvenirs bien plus consolants encore. Si le ministre de Dieu avait pour tout le monde une bonté, une amabilité qui ne se démentait jamais, il montrait pour les enfants une prédilection particulière, à l'exemple du Sauveur (2). Comme il savait les attirer, les charmer ! Et quand était venu le grand jour, où, pour la première fois, cette portion la plus chère du troupeau était admise à la table sainte, oh ! quel caractère touchant il imprimait

____

(1) Souvenirs rétrospectifs de M. Louis Soullard. — Lettre du 11 avril 1879.

(2) Marc. x. 14.

à la fête! Il possédait à un si haut degré cette éloquence du cœur qui impressionne vivement, qui
remue jusqu'au fond de l'âme, qu'il faisait fondre
en larmes tout son auditoire. Plusieurs bons
vieillards, que nous avons connus ou assistés au
lit de mort, rappelaient avec attendrissement cette
époque solennelle de leur vie. Et cette exclama-
tion sortait invariablement de toutes les bouches :
« Oh! quel bon et digne prêtre! Quel homme de
Dieu, que celui-là !... »

L'autorité diocésaine n'ignorait pas la réputation de sainteté qui s'était attachée au nom de
l'abbé Soullard. Pleine de confiance dans la
valeur intellectuelle et morale d'un sujet si accompli, « elle n'hésita pas à lui confier, dès sa
première année de ministère, une partie de la direction des dames Ursulines, établies à Aulnay. Disciple du P. Baudouin, il ne pouvait qu'être plein
d'estime pour ses œuvres ; mais son humilité lui
faisait craindre d'être au-dessous de sa tâche (1). »

Ce que l'on doit ajouter à sa louange, c'est
qu'il s'acquitta toujours de cette délicate mission
avec bonheur, non seulement pendant son séjour
à Dampierre, mais aussi longtemps que ses forces

____

(1) Lettre d'un de ses anciens élèves ecclésiastiques.

lui permirent de se transporter à Aulnay. Seules, les faiblesses de l'âge le forcèrent à y renoncer.

Mais, borner ses vœux à l'exercice des fonctions curiales, quelque pénibles et absorbantes qu'elles fussent, coopérer à la sanctification des âmes consacrées au Seigneur, n'était pas encore assez pour son infatigable activité. Ainsi que le vénérable Baudouin, dont il embrassait les vues, il était persuadé que, pour hâter le relèvement moral de la France, il était nécessaire de s'ingénier à inculquer les principes religieux aux générations nouvelles, et surtout, à procurer à l'Eglise de dignes ministres. Le champ du père de famille était vaste, en effet, mais les ouvriers manquaient (1)!

Dans ce but, il se mit à recruter des élèves, et fit bientôt de son presbytère de Blanzay une véritable école ecclésiastique. Comme il lui fallait, pour veiller sur eux, une personne sur laquelle il se reposât en toute confiance, il manda près de lui sa vertueuse sœur, Marie, qui fut une mère pour tous (2). En son absence, elle les surveillait, priait avec eux, excitait les uns et les autres au

---

(1) Multa quidem messis, operarii autem pauci (Luc., x, 2).

(2) Mariée plus tard à Louis Berthelot.

travail, si bien qu'on l'avait surnommée « le bon maître d'étude ».

Quand il prévoyait que le temps lui ferait défaut pour vaquer aux leçons, ce qui se présentait assez fréquemment, il amenait à sa suite dans ses courses apostoliques son petit troupeau, et « c'est ainsi, disait un jour un de ses plus chers protégés, l'abbé Giraud, que nous apprenions, par monts et par vaux, *Amo Deum* et *Imitor patrem* (1) », délicate allusion aux premiers germes de piété qu'il s'efforçait de développer dans leurs cœurs et aux douces et aimables vertus dont il cherchait, par son exemple, à leur insinuer le goût.

Un certain nombre de laïques reçurent ainsi une éducation chrétienne, et quatre prêtres de mérite y trouvèrent leur vocation.

En 1821, lors de la séparation des deux diocèses, et du rétablissement de l'évêché de Luçon, on craignit un instant de le perdre. Les ecclésiastiques de la Charente-Inférieure qui avaient été placés en Vendée, et réciproquement, ceux de la Vendée qui résidaient dans la Charente-Infé-

(1) J'aime Dieu... J'imite mon père (règles de la grammaire latine).

rieure, furent réintégrés dans leurs départements respectifs, ou du moins, restèrent libres de rentrer dans leur pays. Presque tous en profitèrent. Quelques amis de l'abbé Soullard firent alors des instances auprès de lui, pour l'engager à quitter la Saintonge. Il pouvait d'autant mieux condescendre à leurs désirs, qu'on lui proposait une des plus belles et des meilleures paroisses de la Vendée, celle de la Gaubretière. Mais il répondit simplement : « Puisque je suis libre de choisir, je préfère m'en tenir au poste où j'ai été envoyé par la volonté de Dieu (1). »

D'ailleurs, une pensée bien plus grave et autrement désintéressée l'occupait depuis longtemps ; mais il n'avait jusqu'ici osé en parler à ses supérieurs. Les missions étrangères avaient séduit son noble cœur. Évangéliser les peuples sauvages, souffrir pour le nom de Jésus-Christ, répandre son sang pour la foi, excitait toute son ambition. Après avoir caressé ce dessein pendant plusieurs années, il s'en ouvrit enfin à son évêque. « Mon cher fils, lui dit le prélat, votre désir est digne de votre foi et de votre piété, mais il me paraît outre-

____

(1) D'après une lettre de M. Dalin, curé de la Flocellière (11 décembre 1879).

passer vos forces, car nous avons eu naguères des craintes sérieuses au sujet de votre santé. Les infidèles sont-ils donc si éloignés de nous?... Dans ce vaste diocèse, il est plus d'une contrée où le zèle dont vous êtes rempli pourra se développer un jour... Patience, cher fils, et croyez-en votre vieil évêque, restez avec nous! »

C'en était assez pour changer ses dispositions. La sainte obéissance, qui a été la règle de toute sa vie, lui indiqua la voie qu'il avait à suivre. Il offrit généreusement à Dieu ce sacrifice, et ne songea plus qu'au bien des âmes qui lui étaient confiées.

Plus que jamais, il s'appliqua à réaliser dans sa conduite le type du prêtre parfait, à devenir le modèle du troupeau : *forma gregis ex animo* (1). Il ne suffit pas, en effet, à un ministre des autels, disait-il, de prêcher la loi de Dieu, il faut qu'il l'accomplisse (2). Il faut qu'il confirme sa doctrine par ses actes, qu'il convainque par son propre exemple ; qu'il puisse dire enfin en toute vérité, avec le grand Apôtre des nations : *Réglez-vous sur ma conduite, comme je me règle moi-même*

______

(1) I Petr. v, 3.
(2) Factores legis justificabuntur. (Rom. ii, 13.)

sur Jésus-Christ (1). Et sous l'empire de ces saintes pensées, il n'y eut plus de sacrifice auquel il ne fût prêt : sa charité et son abnégation n'eurent plus de bornes. Donner et se donner paraissait être sa devise. Il le prouva en plusieurs circonstances de sa vie. Deux traits édifiants, qui vivent encore dans la mémoire d'un grand nombre, en feront suffisamment foi.

Un jour qu'il revenait de Villenouvelle ou de Saint-Séverin, il rencontra un pauvre vieillard dans un état de misère des plus lamentables : il était couvert de haillons qui ne cachaient qu'une partie de sa nudité; le temps était assez froid : l'on était au mois de novembre. A cette vue, son cœur est sensiblement ému. « La charité, pour l'amour de Dieu, lui dit le mendiant ! » Le bon prêtre jette sur lui un long regard de compassion. « Hélas ! lui répond-il, je n'ai point d'argent ! Pourtant, je ne puis renoncer à vous secourir dans un si triste dénûment... »

Il se retire alors derrière une haie, quitte le vêtement qu'il portait sous sa soutane, revient à la hâte, et le présentant à l'infortuné vieillard :

____

(1) Imitatores mei estote, sicut et ego Christi. (Philip. III, 17.)

« Tenez, mon cher frère, je regrette de ne pouvoir mieux faire... Que Jésus, le bon ami des pauvres, vous bénisse et vous aide! » Et il s'éloigne d'un pas rapide, laissant le malheureux stupéfait d'un tel acte de générosité.

Une autre fois, qu'il s'en retournait paisiblement d'Aulnay par la route des bois (1), le bréviaire sous le bras et le chapelet à la main, il entend tout à coup les cris perçants d'une femme, gourmandant son cheval et appelant à l'aide. Il active aussitôt le pas, descend la colline du *Parmeneau* et arrive au torrent du *Vau* (2), qui, à ce moment, était débordé. Il n'y avait point de pont (3). La crue des eaux avait rendu le gué impraticable. Ne soupçonnant pas le danger, la villageoise, qui depuis plusieurs années l'avait traversé nombre de fois sans encombre, s'y était engagée avec sa carriole. Arrivée dans l'endroit le plus profond, les roues s'y étaient inégalement

(1) C'était la seule route alors carrossable pour aller à Aulnay.

(2) Le torrent du Vau (Vallis) se forme dans la commune de la Villedieu, et se jette dans la Boutonne, non loin de Blanzay, à Chantemerle.

(3) Il en est encore ainsi aujourd'hui. Mais le chemin qu'il coupe ne sert plus qu'à l'exploitation des bois et des terres cultivées.

envasées, et le cheval, gêné par la rapidité et la
force du courant, ne pouvait plus retirer le véhi-
cule, qui menaçait de verser. Pour comble de
malheur, l'eau y avait pénétré et imprégnait déjà
une partie des pains qu'elle destinait à plusieurs
familles du voisinage. Joseph Soullard n'hésite
pas; il dépose son bréviaire au pied de la passe-
relle, formée par une planche jetée sur de grosses
pierres entassées des deux côtés, et malgré la
température assez froide, puisqu'on était à la saison des grandes pluies, il s'avance résolument
dans le lit du Vau, où l'eau l'atteint jusqu'à la
ceinture. Il saisit la bride de l'animal, le tire,
l'excite, fait tant et si bien, qu'il met enfin hors
de danger l'imprudente boulangère, qui se con-
fond en remerciements et en condoléances, redou-
tant de fâcheuses conséquences pour la santé de
son *sauveur*.

Mais l'abbé Soullard, après avoir rejeté l'eau de
sa chaussure, était déjà parti au pas de course,
dans la direction de Blanzay, dont il était éloigné
de quatre kilomètres (1).

Ces actes de vertu s'imposaient à l'admiration

(1) Il ne paraît pas qu'il ait eu à en souffrir le moindre
inconvénient.

de tous. Aussi, comme l'on était sincèrement attaché à un si bon pasteur ! On n'eût voulu jamais le perdre ! Cependant l'heure de la séparation sonna bientôt.

En raison de ses mérites, une situation plus importante lui était réservée. Bien que l'on s'y attendît, les regrets n'en furent pas moins vifs.

La cure de Matha réclamait un nouveau titulaire : il y fut nommé. La position était difficile ; mais l'autorité diocésaine comptait sur sa sagesse, sa prudence, sa haute piété. Elle n'eut qu'à s'applaudir du choix qu'elle avait fait de sa personne.

2*

CHAPITRE III

1827-1830

CHAPITRE III

1827-1830

Tristes conditions dans lesquelles il succède, à titre provisoire, à M. Espinet. — M. Bequet, maire de Matha, favorise son école. — Mort de Mgr Paillou. — Nomination de Mgr Bernet. — L'abbé Foullard est agréé par le gouvernement. — État déplorable du canton de Matha, au point de vue religieux. — Une étrange réponse sur les fonts sacrés. — Difficulté, pour les mariages, de recourir aux prêtres. — Les chantres et les sacristains présidant aux obsèques. — Tableau navrant qu'il fait de la situation. — Il gagne la sympathie de la population. — Son école sur le point d'être fermée, en vertu des ordonnances de 1828. — Il obtient le titre de petit séminaire. — Pénibles travaux auxquels il se condamne. — Épreuves douloureuses. — L'abbé Dugast, vicaire à Matha. — Visite à Blanzay. — L'abbé Renault, à Beauvais. — Développement de l'action religieuse à Matha et dans les environs.

Il en coûtait bien au cœur apostolique du jeune curé de quitter ses chers paroissiens de Dampierre et de Blanzay. À peine commençait-il à recueillir le fruit de son ministère, qu'il lui fallait abandonner le champ arrosé et fécondé de ses sueurs. Jamais il n'y aurait songé, si la voix de ses supérieurs n'eût été pour lui l'expression de la volonté de Dieu.

Le poste qui lui était offert était loin d'être séduisant. L'abbé Espinet, prêtre espagnol, curé de Matha depuis le 6 janvier 1823 (1), s'était rendu odieux à ses paroissiens par une conduite scandaleuse ; il avait été frappé d'interdit après trente mois de résidence ; depuis lors, des vicaires pourvoyaient au service paroissial (2).

A la suite de tous les maux causés par la Révolution, un tel exemple de dépravation, dans un membre du clergé, n'était guère de nature à rehausser le prestige du prêtre, dans un pays déjà si antipathique à la religion et à ses ministres. Mais l'abbé Soullard, plus confiant dans le secours du ciel que dans ses propres forces, ne se laissa rebuter par aucune considération humaine.

Le seul objet qui le préoccupa sur le moment, fut son petit pensionnat. Se résoudrait-il, après tant de sacrifices qu'il s'était imposés, à se séparer de ces enfants qu'il aimait comme un père ? Les voir se disperser eût été pour lui un coup trop douloureux ! Il se mit donc en route pour

(1) Il avait succédé à M. Pelluchon, curé de Matha depuis 42 ans, revenu d'exil et mort en 1822.

(2) MM. Robin et Mazières.

visiter les lieux et s'assurer des moyens nécessaires à la continuation de son œuvre.

Matha avait alors pour maire un homme de bien, un chrétien convaincu, M. Bequet, qui pénétra tout de suite la pensée du nouveau curé. Une école ecclésiastique, c'était un foyer de moralisation : il pressentit le bien, les avantages qui, sous tous les rapports, en résulteraient pour la localité et les environs, et il n'hésita pas à entrer dans ses desseins. A défaut de presbytère, il prit en location une maison spacieuse, très agréablement située, tout près de l'église, convint avec le propriétaire des travaux d'appropriation et traita avec les ouvriers.

Quelques mois suffirent pour préparer tout ce qui était nécessaire, et, à la fin de juillet 1827 (1), le maître, accompagné d'une vingtaine d'élèves, vint occuper le local.

Cependant, il n'avait pas encore été agréé par l'autorité civile en qualité de curé de Matha. La mort de Mgr Paillou, survenue quelques mois auparavant (2), avait occasionné ce retard. En outre,

(1) Le premier acte des registres paroissiaux signé de lui est du 3 août.

(2) Le 15 décembre 1826. Il était âgé de 92 ans et avai 22 ans d'épiscopat.

M. Espinet refusait de donner sa démission. Mais la nomination de Mgr Bernet à l'évêché de la Rochelle (1) aplanit toutes les difficultés. Le prêtre réfractaire fut obligé de résigner ses fonctions et son titre. Les vicaires capitulaires proposèrent au gouvernement leur candidat : il fut accepté, et, le 19 octobre suivant, le nouveau prélat ordonna l'installation canonique. La cérémonie fut présidée par M. Mareschal, vicaire général du diocèse.

Le fardeau de la succession n'en restait pas moins lourd. Si l'arrondissement de Saint-Jean-d'Angély était celui qui avait le plus souffert de la Révolution (2), l'on peut dire en toute vérité que pas un canton n'avait été, au point de vue religieux, plus abandonné que celui de Matha.

Sur vingt-cinq paroisses, deux ou trois à peine avaient revu leurs pasteurs d'autrefois ; encore, chargés d'ans et abreuvés d'épreuves, avaient-ils succombé de bonne heure.

(1) Nommé le 29 mars 1827, préconisé le 26 juin ; mis, par procureur, en possession du siège épiscopal le 26 août ; reçu à la Rochelle le 24 septembre.

(2) En 1814, sur cent vingt paroisses, il n'y en avait pas vingt qui eussent obtenu un pasteur. (*Vie de Dargenteuil*, page 140.)

A l'arrivée de l'abbé Soullard, en 1827, nous ne trouvons plus dans tout le canton que M. Bruneau, curé de Neuvicq depuis 1781. Revenu d'Espagne après la Terreur, il avait été retenu par les habitants de Saint-Vivien-de-Pons ; mais, sur les instantes prières de ses anciens paroissiens, il avait consenti à retourner au milieu d'eux en 1847. Un prêtre zélé de la Charente, l'abbé Briant, curé de Sonneville (1), prêtait, depuis 1803, son actif concours pour maintenir la foi dans ces malheureuses contrées. Pourvu d'un riche patrimoine de famille, il en dépensait les revenus à faire le bien. Comme il allait toujours à cheval, son ministère s'exerçait dans un vaste rayon. Mais, en somme, il ne pouvait faire çà et là que d'assez rares apparitions. C'est du moins ce qu'il paraît rationnel de supposer, d'après les registres paroissiaux de Neuvicq (jusqu'en 1817), Macqueville, Brie, Siecq, Ballans, Beauvais, Brédon, Saint-Ouen, et nombre de paroisses du diocèse d'Angoulême.

Quant aux autres paroisses, elles avaient été encore plus délaissées, à cause de leur éloignement. Elles n'avaient reçu qu'à de longs inter-

(1) Il était natif de Beauvais, diocèse de Saintes.

valles les secours de la religion. Les églises avaient été partout ravagées, et les presbytères aliénés. Pour comble de malheur, un certain nombre de prêtres avaient prêté le serment constitutionnel, s'étaient laïcisés ou mariés, et ces tristes défections n'avaient pas médiocrement contribué à affaiblir le peu de foi qui subsistait. Aussi, parmi les habitants des campagnes, l'usage des sacrements était, pour ainsi dire, aboli ; la jeunesse vivait dans l'ignorance la plus complète des choses saintes ; un grand nombre de jeunes gens n'étaient même pas baptisés ; les mariages chrétiens, par la force des choses, n'étaient plus guère qu'une exception, et les pères et les mères avaient oublié les premiers éléments de la doctrine catholique. Un trait entre mille suffira à le démontrer.

On avait un jour amené à l'église de Saint-Hérie, pour y recevoir le baptême, une fille âgée de plusieurs mois. Sur le point de verser l'eau sainte sur la tête de l'enfant, le curé de Matha adresse au parrain et à la marraine l'interrogation prescrite par le Rituel : « Vous renoncez à Satan, à ses œuvres et à ses pompes ? » Personne ne répond. Il réitère sa demande. Derechef, on reste muet. Avec un peu plus d'insistance, il pose une troisième fois la même question. Le parrain, d'un ton plein d'aigreur, prononce alors ces stupéfiantes paroles : « Non !... je ne renonce à personne, j'ai besoin de tout le monde pour gagner ma vie !... »

L'abbé Soullard ne parvint jamais à faire comprendre au grossier villageois le sens de cette abjuration.

Tel était le niveau intellectuel du plus grand nombre en matière de religion !

Si nous avons avancé que le mariage religieux était devenu une exception, c'est que le recours au prêtre avait été assez longtemps impossible. Après un mûr examen, l'autorité diocésaine avait décidé que les mariages civils, contractés de 1792 à 1804, devaient être considérés comme valides religieusement. Mais la difficulté de se présenter devant le ministre des autels s'étant prolongée bien au delà de 1804, avait déshabitué le peuple des bénédictions de l'Église, et la plus mortelle indifférence en avait été le triste fruit.

Les obsèques, en général, avaient conservé un certain caractère religieux ; elles s'effectuaient toutefois dans de singulières conditions. Par un étrange abus, que semble excuser le manque de prêtres, c'étaient, dans maintes localité, les sacristains et les chantres qui y présidaient. Dire que le caprice et la fantaisie y jouaient souvent un grand rôle, ne saurait étonner personne. C'est ainsi, par exemple, qu'après le chant du *De profundis* et des psaumes prescrits, on entonnait, pour donner plus de lustre à la cérémonie, le grand *Credo* de Dumont, l'*Ave maris stella*, ou tel autre morceau absolument étranger à la circonstance. Il y avait même parfois contestation entre les « hommes d'église » — telle était la dénomination usitée — parce que l'un, à l'encontre de l'autre, accordait du rabais (1). Mais ce sont là des détails intimes. Pour ce qui est des choses extérieures, elles se passaient, en général, assez gravement : le maire, ceint de son écharpe, y assistait presque toujours.

Tout était donc à refaire : restaurer le culte catholique, faire revivre les traditions religieuses,

(I) C'était pour parer à ce grave abus que l'abbé Soullard avait été autorisé, pendant son séjour à Aulnay, alors qu'il était seulement sous-diacre, à présider aux obsèques. — Les sacristains faisaient aussi des processions pour obtenir de la pluie, quand le temps était trop sec ; faisaient de l'eau bénite et en distribuaient ; bénissaient une foule d'objets, et surtout le sel pour les animaux, etc., car la superstition avait aussi sa place dans bien des cas. — V. notre ouvrage : *Mœurs d'autrefois en Saintonge et en Aunis* (2e édit., Prévost, éditeur, Saintes).

implanter de nouveau la foi. Et si peu de prêtres, hélas ! pour une tâche aussi considérable !...

Le Concordat avait bien maintenu huit titres curiaux (1), mais, sauf Neuvicq, ainsi que nous l'avons constaté, tous les autres postes étaient alors vacants. Le vieil évêque, qui empêchait naguère l'abbé Soullard de partir pour les missions étrangères, avait raison : « Les infidèles n'étaient pas si loin... Dans ce vaste diocèse, il était plus d'une contrée où le zèle dont il était rempli pourrait se développer un jour ! » Ce jour était arrivé.

Quand il se fut rendu un compte exact de cette situation désolante, il en fit à Mgr Bernet un tableau navrant. « C'est bien le cas, disait-il, de nous inspirer de nos saints livres, et de pleurer, avec le prophète, sur les ruines qui nous environnent... *Le lieu où le nom divin a été béni, est désert ; Sion est abandonnée, Jérusalem est désolée. Le temple, où nos pères ont chanté les louanges du Seigneur, a été ravagé par le feu ; tout ce qui servait à la magnificence du culte est réduit en cendre* (2). Quant aux pauvres âmes privées de

(1) Matha, Beauvais, Brédon, Courcerac, Mons, Neuvicq, Siecq, les Touches-de-Périgny.
(2) Isaïe, LXIV, 10-11.

pasteurs, elles rappelaient *ces malheureux enfants de Jérusalem, qui demandaient du pain alors qu'il n'y avait personne pour le leur rompre!...* (1) »

Cependant, par sa bonté, par la franche cordialité dont il faisait preuve dans ses relations avec les fidèles, l'abbé Soullard s'était concilié la sympathie générale. On voyait en lui l'homme de Dieu dans toute l'acception du terme, et on allait à lui avec une confiance que justifiaient ses hautes qualités. Un assez grand nombre de familles avaient remis leurs enfants entre ses mains. L'école prospérait de jour en jour ; la religion et la morale y puisaient une recrudescence féconde, lorsque, en raison des événements politiques, surgit une première difficulté.

Charles X, en montant sur le trône, avait aboli la censure des journaux. Dans ces temps d'effervescence populaire, c'était se désarmer en face de l'ennemi. Le libéralisme et l'opposition avaient su en tirer parti pour provoquer une réaction. Une presse effrontée les soutenait au dehors : les idées les plus impies, les plus licencieuses, les plus subversives étaient semées dans les multitudes. « Guerre aux Jésuites ! Guerre à la reli-

____

(1) Thren. IV, 4.

gion ! » Tel était le mot d'ordre ! Dans la tribune, il trouvait un écho, une puissance dévouée.

En 1828, l'opposition obtint la majorité à la chambre. C'est alors qu'elle imposa au gouvernement, forcé d'entrer en composition, les deux fameuses ordonnances du 16 juin, contre les Jésuites et contre les séminaires.

La première soumettait les Jésuites au régime de l'Université, et statuait que, dorénavant, nul ne serait autorisé à enseigner, s'il n'affirmait par écrit n'appartenir à aucune congrégation non légalement établie en France ; la seconde, que le nombre des séminaires serait limité dans chaque diocèse ; que celui de tous les élèves ne dépasserait pas vingt mille ; qu'aucun externe n'y serait admis ; que chaque élève serait tenu à porter l'habit clérical, etc.

Ces mesures vexatoires n'atteignaient pas, en réalité, l'école de Matha ; cependant l'Université s'en fit une arme contre l'abbé Soullard. On voulait le contraindre à licencier sa maison, et on fut à la veille de réussir. Avec le droit de tenir une école secondaire, on lui contesta son titre de bachelier ès lettres. Mais il se défendit vaillamment. Il écrivit à la préfecture, indiqua à l'académie le lieu et la date de ses examens, réclama un diplôme authentique, à la place du diplôme ecclésiastique qu'on lui avait délivré, — parce qu'il n'était pas encore engagé dans les ordres au moment où il avait subi les épreuves du baccalauréat, — et finit par triompher de toutes les embûches. Il ne s'en tint pas là. Il sollicita le titre de petit séminaire. Appuyé par l'évêque de la Rochelle, qui le présentait à titre de supérieur, il vit bientôt sa demande agréée par le roi. Et ainsi, cette menace de ruine, qui avait un instant alarmé bien des cœurs, avait fait naître l'occasion d'établir l'œuvre sur des bases plus solides. L'abbé Soullard en profita pour donner plus d'extension à sa maison. Il acheta dans ce but le terrain où s'élevèrent successivement les trois grands corps de bâtiments qui existent encore. On commença même tout de suite la première partie des constructions.

Pour payer de sa personne autant que la chose était possible, il se mit, comme un simple manœuvre, à rouler la brouette, à manier la truelle et le marteau, ou à extraire la pierre de la carrière. Un jour qu'on lui témoignait quelque étonnement de ce qu'il se livrait à des travaux qui n'étaient guère de sa condition, il répondit en souriant, par le texte de saint Paul : *Castigo corpus meum et in servitutem redigo* (1). Ainsi une pensée de foi le guidait en tout.

Cependant, quelques esprits inquiets, moins confiants que lui dans le secours de la Providence, se demandaient à l'aide de quelles ressources il ferait face à de si considérables dépenses. On l'accusa de témérité, et l'administration épiscopale, sur les dénonciations qui lui arrivèrent bientôt, partagea ces appréhensions. Il comptait, sans doute, pour l'aider dans son entreprise, sur les bourses que le gouvernement lui avait accordées. Mais on prétendit qu'il serait dans l'impossibilité de certifier la présence d'aucun élève présentant des marques positives de vocation à l'état ecclésiastique, et c'est pourquoi il dut remettre à l'évêché, pour être reportées par ailleurs, les sommes qui lui étaient destinées. Dans ces tristes conjonctures, harcelé par des ouvriers peu soucieux de tenir leur parole et d'attendre le délai préalablement fixé, il se détermina, pour se libérer, à vendre une partie du terrain qu'il avait précédemment acquis.

Ce qui lui fut alors le plus sensible, c'est le blâme que lui infligea son évêque, après avoir reçu

---

(1) Je châtie mon corps et je le réduis en servitude. (I Cor. xi, 27).

de lui les plus précieux encouragements. Il essuya les reproches avec une admirable humilité, et se consola au pied des saints autels, fort du témoignage de sa conscience et de la pureté de ses intentions. Persuadé que toutes les œuvres qui ont pour but la gloire de Dieu sont généralement éprouvées, il ne perdit nullement courage, se reposa sur la divine Providence, plein d'espoir pour l'avenir.

Néanmoins, à partir de ce jour, il fut constamment en butte à une critique hostile, qui entrava parfois ses plus généreux desseins.

Après l'ordination de la Trinité, Mgr Bernet lui adjoint, comme vicaire, l'abbé Dugast, avec le titre de curé de Courcerac, Aujac et Mons.

La présence de ce zélé coadjuteur lui procura quelques loisirs. Il en profita pour se transporter au milieu de ses anciens paroissiens de Blanzay, selon la promesse qu'il leur en avait faite. Nombre d'entre eux étaient d'ailleurs venus lui rendre visite et renouveler leurs invitations. Répondre enfin à leur vœu fut pour lui un vrai bonheur. Il avait tant à cœur de leur prouver qu'il avait fidèlement gardé le souvenir affectueux qui s'attache aux prémices du saint ministère!... Son arrivée fut une réjouissance : tous voulaient avoir l'honneur de le recevoir. Pendant son trop court séjour au milieu d'eux, Blanzay paraissait animé, chaque matin, comme aux plus beaux jours de fête. On assistait à sa messe en nombre considérable, afin d'entendre encore cette voix amie, qui avait si bien su leur parler naguère de Dieu, de leurs devoirs, de leur salut.

De retour à Matha, il se plaisait à raconter les douces émotions de son pèlerinage à Blanzay : c'était là son expression favorite. « C'est pour moi, disait-il avec une charmante simplicité, une visite quasi-pastorale, qui ravive la foi des âmes que j'ai autrefois instruites de la religion, et qui me fait grand bien à moi-même. On est si heureux de se retrouver, quand on s'est connu dans le service de Dieu ! » Et pendant bien des années, il retourna presque annuellement au milieu de son premier troupeau (1).

(1) L'abbé Hermantier. — La dernière lettre qu'il a écrite à Blanzay, alors qu'il ne lui était plus possible d'affronter les fatigues du voyage (5 décembre 1877), est adressée à une pieuse personne de la Vaillette (Mlle Pauline Laroche), décédée quelques années après. Les conseils que lui dicte son cœur de pasteur et d'ami témoignent de sa sollicitude pour la sanctification des âmes qu'il avait formées au service de Dieu.

« J'ai appris par notre bonne supérieure du couvent de

Au mois de mars 1829, il eut la consolation de voir nommer à la cure de Beauvais, un prêtre dont il apprécia bien vite les éminentes qualités, l'abbé Renault, plus tard curé de Saint-Fort-sur-Gironde. A l'instigation du maire, M. Dubois,

Dampierre, lors de son voyage à Matha, que vous étiez bien sérieusement souffrante. Depuis ce temps-là, je n'ai pu avoir de vos nouvelles, aussi en suis-je fort inquiet.

« Ah ! si j'avais mes pieds d'autrefois ! Mais, *ceux d'aujourd'hui* ne pourraient me conduire bien loin... cette page vous transmettra donc ma pensée.

« Les longues maladies amènent toujours avec elles deux genres de grandes souffrances : les unes affectent le corps, les autres l'âme. Plus les douleurs du corps sont vives, moins les remèdes naturels sont parfois efficaces pour les combattre ou les adoucir ; il faut s'y résigner. Contre les douleurs de l'âme les médecins spirituels possèdent un spécifique tout-puissant, souverain et cependant bien simple pour une personne instruite et pleine de foi, comme ma chère Pauline. Ce remède consiste dans une petite promenade qu'on peut faire dans sa chambre... et même dans son lit, s'il le faut.

« Que votre âme, ma bien chère malade, se transporte du premier coup jusqu'à Gethsémani, au Jardin des Oliviers. Qu'elle y entre en grand silence ; qu'elle y fasse quelques pas ; qu'elle se prosterne avec son Jésus... Là, offrez-vous pour lui tenir compagnie dans le voyage qu'il va faire jusqu'au mont du Calvaire. Parlez sans crainte à cet Ami divin, et pour entrer en conversation, commencez par ces paroles qui lui sont chères : *Mon Père, que votre volonté soit faite.*

l'église avait été reconstruite; elle était à peine terminée, quand le nouveau curé en fit la dédicace. Le digne M. Bruneau étant devenu infirme, l'abbé Dugast, vicaire de Matha, fut transféré à Neuvicq (1er novembre 1829). Sept mois plus tard, l'abbé

Puis, taisez-vous et écoutez, car c'est au plus savant qu'il appartient de faire les frais de la conversation. Il vous dit donc : « Ame bien chère, vous voulez voyager avec moi?... « la route est bien pénible... que de choses j'aurai à vous dire!... « Voyez d'abord ces cordes qui me lient les bras... Je pour- « rais les briser; non, je les garde; mais par ma patience à les « souffrir, j'ai brisé tous les liens de vos péchés passés, et « s'il vous en survient d'autres, leur pardon y est attaché. « Nous voici à Jérusalem... O Jérusalem qui tues les « prophètes !... Ame fidèle, pleurez avec moi les pécheurs « endurcis et comprenez votre bonheur, vous qui croyez ! « Je vais vous montrer en passant la maison d'Anne, le « grand prêtre. J'y ai reçu, de la main d'un valet brutal et « ignorant, un soufflet qui n'est pas oublié. Je le rappelle « à mes amis quand je veux leur prêcher et leur faire ajou- « ter la sainte humilité à la tranquille patience...

« Marchons; voici la maison de Caïphe qui m'a condamné « à la mort... J'ai subi sa sentence, car il avait déclaré qu'un « homme devait mourir pour tout le peuple. Sans savoir ce « qu'il disait, il avait dit la vérité. Avant d'arriver au tri- « bunal où Pilate, qui me déclare innocent d'abord, me livre « à la mort ensuite, faisons une pause dévote et recueillie. « Entrons : nous sommes dans la salle ornée du grand Jeudi « saint : là, a été dite la première des messes chrétiennes « dont je fus le célébrant. Là s'est faite la première de toutes

2***

Michotez était envoyé, par l'administration ecclésiastique, aux Touches-de-Périgny.

Grâce à l'incessante activité de ces quatre ouvriers évangéliques, la religion ne tarda pas à reprendre ses droits. La foi n'était pas complètement éteinte parmi le peuple. Dieu a ses élus partout ! Les vieillards n'avaient pu oublier les solennités chrétiennnes d'autrefois, que leur remettait en mémoire le rétablissement du culte et des autels.

En raison de la faculté qu'avait chaque prêtre de célébrer deux messes, le dimanche, dans des églises différentes, on recommençait à sanctifier le

« les premières communions : la vôtre est venue plus tard.
« Là, j'ai fondé, pour durer toujours, le sacerdoce chrétien,
« en ordonnant mes apôtres et en leur conférant, pour en
« user et pour les transmettre, tous mes pouvoirs divins sur
« les âmes. Ah ! n'oubliez jamais la pause du Cénacle !
« C'est le point joyeux de notre voyage, où je reviens tou
« jours.... Fuyons Hérode qui m'a traité de fou.... Revenons
« chez Pilate pour y recevoir la cruelle flagellation, la cou
« ronne d'épines, la croix, que vous m'aiderez à porter jus
« qu'au Calvaire. Là, je mourrai pour vous, vous confiant à
« ma Mère, et j'irai vous attendre au ciel. Courage, courage !
« au ciel, il y a de la joie, il y a du repos ! »
« Bien chère demoiselle, voilà l'ordonnance du docteur.
Suivez ce traitement, il est très profitable, très utile au malade,
indispensable à l'infirmier. Communiquez-le à la bonne Henriette, qui s'en trouvera bien aussi. Offrez-lui, comme à toute
la famille aimée, mes respectueuses et cordiales amitiés. »

jour du Seigneur. Les catéchismes reprenaient vie; les premières communions se multipliaient et ramenaient des fêtes touchantes d'autant plus désirées, que le plus grand nombre des fidèles ne les connaissaient encore que par le récit de leurs pères.

La bonne semence de l'Évangile portait ainsi ses fruits. La petite ville de Matha montrait d'ailleurs l'exemple. La beauté des cérémonies religieuses, la parole toujours goûtée du pasteur, attiraient, à la suite des principales familles, une assistance de plus en plus nombreuse.

« Trois ans avaient suffi pour créer un noyau de pieux fidèles, d'âmes ferventes, qui donnaient les meilleures espérances pour l'avenir (1). » Le royaume de Dieu s'établissait peu à peu dans les âmes. Malheureusement, les funestes événements de 1830 survinrent : c'étaient les coups de la tempête qui brise et détruit tout sur son passage.

(1) Notice, page 11.

CHAPITRE IV

1830-1835

CHAPITRE IV

1830-1835

Depuis l'application des décrets du 16 juin 1828, les journaux avancés avaient hardiment révélé leurs projets et préparaient un mouvement révolutionnaire.

La société « Aide-toi, le ciel t'aidera », dont le but était de travailler les populations, avait partout des affidés, et l'arrondissement de Saint-Jean-d'Angély en était inondé. Ils étaient soutenus par les députés de l'opposition (1), placés à la tête de toutes les réunions *libérales*, où non seulement on censurait avec une inconcevable hardiesse les actes du gouvernement, mais encore où l'on battait en brèche, avec une violence extrême, la religion et ses ministres. Dignes fils de leurs pères, ces voltairiens-ultras répétaient le cri de ralliement poussé jadis par le patriarche de Ferney : « Ecrasons l'Infâme ! »

Le jour du Vendredi saint, ils firent un banquet à Aulnay. On y décida le mariage des prêtres. On alla même jusqu'à désigner les femmes que ceux des environs devaient épouser. Celle que l'on destinait à l'abbé Soullard était *bossue*. En revanche, elle lui apportait une riche dot (2)!

La prise d'Alger (5 juillet 1830) amena un moment d'accalmie ; on douta que la révolution s'accomplît ; mais le gouvernement, en déployant tous ses efforts pour endiguer le torrent qui le menaçait, hâta sa ruine. Les fameuses Ordonnances, qui suspendaient la liberté de la presse, changeaient le mode d'élection, dissolvaient l'ancienne chambre, et convoquaient les collèges électoraux pour en

---

(1) Beauséjour, Audry de Puyravault.
(2) Note de l'abbé Renault.

constituer une nouvelle, furent à peine publiées que l'insurrection éclata à Paris. Pendant les trois journées de Juillet (27-28-29), la dynastie de la branche aînée des Bourbons renversée, le clergé fut loin d'être à l'abri des injures et des attaques de la populace.

L'archevêché, la sacristie de Notre-Dame, la maison des Missionnaires de France, celle des Jésuites, à Montrouge, furent dévastés. Plusieurs grandes villes avaient suivi ce triste exemple, et le contre-coup s'en était fait ressentir jusqu'au fond des campagnes.

Pour favoriser l'agitation dans la contrée, on avait nommé sous-préfet à Saint-Jean-d'Angély un ancien notaire d'Aulnay, « le sieur Pelletan », comme on disait alors. Il avait commencé par destituer plusieurs maires, de sa propre autorité, et ne cessait, dans ses discours, de déverser sa bile contre ce qu'il appelait « la prêtraille ».

Excitées par les meneurs, les populations devinrent insolentes, et même furieuses dans quelques localités. On entendait de tous côtés des cris séditieux contre les nobles et les prêtres. Les gens de bien n'osaient se montrer, ni avoir le moindre rapport avec leurs curés. Il semblait que *la loi des suspects* fût encore en vigueur !

Matha, quoique calme, entra bientôt dans le mouvement général. M. Cristin succéda, en qualité de maire, à M. Bequet. Bien qu'il y eût entre ses opinions politiques et celles de son prédécesseur une nuance assez tranchée, cependant, il n'en était pas moins homme d'ordre et homme de cœur.

Le nouveau magistrat avait depuis longtemps apprécié les mérites de l'abbé Soullard ; il l'estimait sincèrement, et il n'ignorait pas qu'autour de lui on partageait ce sentiment, sauf quelques têtes ardentes, qui se croyaient en droit de ne plus rien respecter.

Comme les croix de mission avaient été abattues en plusieurs endroits, il l'invita tout d'abord, pour éviter une profanation, à enlever celle qui avait été plantée sur la place de Saint-Hérie, en 1824. On la transporta dans l'église ; il en fut de même à Marestay.

Par suite des événements, le drapeau tricolore venait d'être substitué au drapeau blanc. On pria l'abbé Soullard de le bénir. Il s'y prêta volontiers.

La garde nationale fut constituée peu de temps après. Dès les premiers jours, il eut, un matin, occasion de se rencontrer avec elle, en se rendant de l'église au presbytère. Quelques paroles grossières furent alors lancées à son adresse. Le capitaine en reprit vivement les auteurs ; il leur infligea même une peine disciplinaire. Le bon curé intervint aussitôt : « M. le capitaine, je vous prie de ne pas tenir compte d'un moment d'oubli envers moi. Un ministre de Jésus-Christ ne doit pas seulement enseigner le pardon des offenses, il doit encore en donner l'exemple. Accordez à mon humble requête la grâce de ces pauvres gens, au bien desquels je me suis dévoué, comme à celui de tous mes paroissiens. » Le capitaine acquiesça à ce désir. Se tournant alors vers la petite troupe : « Mes amis, leur dit le pasteur, vous êtes tous de braves gens. Quelques-uns d'entre vous tenteraient inutilement de se feindre plus méchants qu'ils ne le sont. Je vous connais tous assez pour n'avoir pas à réformer mon jugement sur ce point. Puisque le petit incident, dont j'ai été involontairement la cause, se clôt à la satisfaction de tous, acceptez, comme conclusion, le contenu de ma bourse ;... elle est bien maigre... mais je vous offre ce que j'ai... » Il la vide devant eux et il en sort... trente sous !... — « Non, M. le curé, répond le capitaine ; cette somme sera plus utile à vos pauvres qu'à mes hommes. Merci de votre générosité. »

On ne saurait dire l'effet que produisit cet acte de bonté et de désintéressement. Peu s'en fallut qu'on ne criât *Vivat !* Et il fut bien convenu que, désormais, le curé de Matha ne recevrait de la garde nationale que des marques de déférence et de sympathie. De son côté, il promit de prier et de demander pour eux les bénédictions du ciel.

Si les choses se passaient de la sorte à Matha, il n'en était pas de même, hélas ! dans les principales paroisses du canton.

Les soulèvements provoqués par la duchesse de Berry, pour soutenir les prétentions de son fils, avaient fait craindre un instant de grands malheurs.

On avait à dessein répandu le bruit qu'une armée de Chouans, commandée par des prêtres, arrivait de la Vendée. En proie à une vive inquiétude, on montait la garde à l'entrée des bourgs, afin de prévenir toute surprise ; les voyageurs les plus inoffensifs étaient arrêtés sans raison ; la surexcitation était à son comble. Et le clergé, contre lequel s'accumulaient les plus noires accusations, était le bouc émissaire chargé de toutes les malédictions populaires.

Des plus odieuses incriminations aux voies de fait, il n'y avait qu'un pas : il fut bientôt franchi.

Dans le canton d'Aulnay, l'abbé Guit, curé de Chives, apprit, pendant qu'il était en voyage, que des forcenés avaient envahi sa cure, et qu'après s'être gorgés de vin, ils l'avaient fusillé en effigie. A Fontaines, l'abbé Robert fut expulsé de chez lui, et l'on jeta par les fenêtres une partie de ses meubles.

Dans le diocèse d'Angoulême, plusieurs ecclésiastiques avaient été forcés de s'enfuir, pour échapper au danger ; près de Beauvais, on avait tiré sur le curé pendant qu'il célébrait la messe.

Dans le canton de Matha, ce fut pis encore. L'abbé Michotez, curé des Touches-de-Périgny, fut la première victime.

L'ancienne cure était alors inhabitable ; c'est pourquoi le jeune prêtre résidait à Matha, chez l'abbé Soullard. Un matin, vers la fin de septembre, on vint le chercher pour baptiser un enfant. L'abbé Michotez, grossièrement insulté, menacé même, le dimanche précédent, hésitait à se mettre en route. Il consulte son curé. Celui-ci, après quelques instants de réflexion, lui répond : « Vive Dieu ! cher frère, s'il faut mourir pour faire le bien, ayons le courage de mourir ! Allez, puisque Dieu vous appelle. »

Il part aussitôt. Arrivé à destination, il attendait patiemment sur le seuil des anciens bâtiments, quand s'avancent vers lui trois hommes à l'aspect farouche, qui d'abord le chargent d'invectives, puis se jettent sur lui, et l'accablent de coups. Le premier le saisit par les oreilles, et d'une manière si brutale, qu'il les lui détache presque complètement ; et, pendant que les deux autres frappent des pieds et des poings, il lui assène entre les deux épaules un violent coup de bâton, qui atteint le crâne, et le couche à terre. Dans sa chute il se meurtrit horriblement la tête contre une pierre. Le sang jaillit en abondance de ses plaies et de sa bouche. Enfin, l'un des assassins le soulève par les cheveux, et le traîne sans connaissance entre deux tombes, où, le pensant mort, on l'abandonne (1).

Au bout de quelques heures, il revient à lui, offre à Dieu son martyre, et, malgré sa faiblesse, il se rend à Matha. A ce spectacle, l'abbé Soullard ne peut retenir ses larmes. « Que n'ai-je été à votre place, cher frère ! disait-il, je vous aurais épargné de si affreux traitements... » Et il s'efforçait, par des pensées pleines de foi, de relever son courage.

(1) Il existe des papiers de l'époque qui nous ont conservé les noms de ces trois misérables.

Ce déplorable événement avait produit de tous côtés une douloureuse impression. Les visites affluèrent ; un grand nombre de personnes offrirent leurs services ; on invoquait, à juste titre, la vindicte des lois contre des hommes assez lâches pour maltraiter de la sorte un prêtre inoffensif. Les habitants des Touches rougirent de cet abominable attentat. Deux jours après, plusieurs d'entre eux supplièrent l'abbé Soullard de célébrer, dans leur église, le saint sacrifice de la messe, en réparation de ce crime affreux. Il accéda volontiers à leur demande. Après la cérémonie, il reçut l'expression des regrets de tous les gens honnêtes.

Dès que l'abbé Michotez fut capable de supporter le voyage, Mgr Bernet le manda à la Rochelle, pour lui prodiguer les soins et les consolations que méritait sa touchante position. « Ses blessures étaient horribles, dit un témoin oculaire. Il avait à la tête un trou énorme, et l'oreille droite était totalement enlevée (1). »

Il fut ensuite nommé curé de Benon (2).

(1) L'abbé Moreau, curé de Meursac, alors enfant de chœur à la Rochelle, qui le vit plusieurs fois.

(2) Il y mourut le 12 avril 1871, laissant la réputation d'un prêtre pieux, zélé et charitable.

A cette peine en succéda bientôt une autre. Depuis plusieurs années, Neuvicq n'avait pas eu de première communion, en raison des infirmités dont le vénérable M. Bruneau était accablé. L'abbé Dugast avait vu avec bonheur un grand nombre d'enfants, tant de cette paroisse que des paroisses environnantes, répondre à sa voix et accourir près de lui pour recevoir ses instructions, et se préparer dignement à la solennité du grand jour de la vie. Aussi, s'appliqua-t-il à donner à la fête tout l'éclat possible. Les ennemis de la religion s'en inquiétèrent. Enhardis par l'audacieuse et criminelle tentative dont les Touches-de-Périgny avaient été le théâtre, ils méditèrent contre lui un exploit analogue. Après le chant des vêpres, on s'était mis en procession. Les enfants portaient des oriflammes de diverses couleurs, au nombre desquelles il s'en trouvait de blanches. Tel fut le prétexte dont on se servit. A peine était-on rentré à l'église, qu'une troupe de gens, soudoyés à cet effet, y pénétrent en grand tumulte, et s'élancent vers le sanctuaire en criant : « A bas le légitimiste ! Mort au Chouan ! » Heureusement, l'assistance était nombreuse ; on les arrête. Le sacristain et quelques amis dévoués prennent les armes et entourent leur pasteur. Les agitateurs sortent alors, et jettent le cri d'alarme.

La cérémonie religieuse se termine en toute hâte. La garde nationale est rassemblée. On envahit le presbytère, maire en tête. On discute, on parlemente, ou pour mieux dire, on fait, sans admission de circonstances atténuantes, le procès du malheureux prêtre, qui, en définitive, est chassé de Neuvicq. Deux jours lui sont accordés pour faire ses préparatifs ; il sera sous bonne escorte conduit à Matha.

Quand s'effectua le départ, les adieux furent si touchants, qu'il ne put maîtriser son émotion. Il douta qu'il y eût péril à rester au milieu d'une population si sympathique. L'on était à peine à moitié chemin qu'il témoigna le désir de retourner à Neuvicq, avec les fidèles amis qui l'avaient accompagné. « Gardez-vous-en bien, lui dirent-ils ; les méchants triompheraient. Si nous avons été assez heureux pour vous prêter main forte une première fois, il nous serait peut-être impossible de vous sauver de nouveau. N'exposez pas votre vie ! » Et quand on fut au terme du voyage, l'on se quitta les yeux pleins de larmes.

Le premier octobre, l'abbé Dugast était nommé à la cure de Clion (1).

(1) C'est à ce poste qu'il est décédé, le 26 octobre 1866. — Il était revenu, en 1846, voir ses anciens paroissiens de Neu-

Ce même jour, une ordonnance royale rapportait le décret de 1828, relatif à la création de huit mille demi-bourses dans les établissements secondaires ; les autres dispositions des deux ordonnances du 16 juin demeuraient en vigueur. C'était le prélude de mesures plus rigoureuses encore. Le 23 octobre, l'abbé Soullard recevait l'ordre de fermer sa maison ; il en était de même pour l'établissement de Saint-Jean-d'Angély. L'on se concerta aussitôt avec l'autorité diocésaine, et il fut décidé que les élèves seraient de part et d'autre réunis à ceux de l'Institution de Pons. C'était un coup bien rude pour le cœur du supérieur, qui perdait le plus cher objet de ses complaisances. Mais son courage n'en fut pas abattu. Sa foi était à la hauteur de ses épreuves. Obligé de céder à la force, il se confia en Dieu, en attendant des jours meilleurs.

Cependant, le besoin de prêtres se faisait partout sentir. On venait à Matha pour réclamer son ministère, et, pour répondre au besoin des âmes,

vieq. Plusieurs de ceux qui, jadis, lui avaient suscité des difficultés, lui exprimèrent leurs excuses. Il accepta même l'hospitalité dans une famille qui avait affiché à son égard les sentiments les plus hostiles, mais qui tenait à réparer ses torts.

l'abbé Soullard se multipliait, la nuit comme le jour.

Malgré la popularité dont il jouissait, il ne fut pas constamment à l'abri de tout danger. Mais il y allait avec tant de désintéressement et de simplicité, qu'il lui semblait être en sûreté partout.

Traversant un bourg voisin de Matha, il aperçoit un jour, à une certaine distance sur le chemin, une troupe d'hommes armés de fourches et de bâtons. Bientôt, ils se dirigent vers lui, en vociférant : « A mort le curé ! A mort le carliste ! » C'est ainsi qu'on appelait les royalistes. Sans s'émouvoir le moins du monde, il envisage ceux qui lui interceptent déjà le passage et leur dit : « Mes amis, c'est pour obliger un de vos voisins que je me suis mis en route. Son nouveau-né est en danger de mort, et il m'a demandé pour le baptiser. Laissez-moi aller consoler ce pauvre père et ouvrir le ciel à cette petite âme, qui sera là-haut, près de Dieu, mille fois plus heureuse que sur la terre ! Ce devoir une fois accompli, je reviendrai vers vous. »

Ces paroles avaient déjà désarmé les moins hardis, qui étaient d'avis de le laisser passer. « Nous n'avons que faire de tes mensonges et de tes roueries de prêtre, s'écrie un des plus ardents ;

c'est pour l'esquiver de nos mains que tu parles de la sorte. — Suivez-moi, répond le curé, et vous saurez la vérité. » Et prenant un ton plus solennel, il ajoute : « Mes amis, je n'ai pas peur de la mort, entendez-vous bien ? Le ministre de Dieu ne tremble que devant son divin Maître. Encore une fois, permettez que j'envoie un ange au ciel, que j'adoucisse les larmes d'un père, et foi d'homme d'honneur, foi de prêtre, vous me reverrez tout à l'heure au milieu de vous ! » A ces mots, il s'avance pour partir, les rangs s'écartent, quelques grossières injures l'accompagnent.

Dès qu'il se fut acquitté de son ministère, il retourna, en effet, au milieu d'eux. « Maintenant, mes amis, leur dit-il, si ma mort peut vous porter bonheur, je suis à vous !... »

Ces pauvres exaltés furent tellement stupéfaits de la sincérité, de l'abnégation du prêtre, qu'ils n'eurent plus la pensée de commettre quelques violences contre lui. « Tu es un trop brave et trop honnête homme, citoyen curé, lui dit un des principaux coryphées de la bande. Si tous les tiens étaient comme toi, nous ne leur voudrions aucun mal. Désormais, nous saurons que le curé Soullard est digne de nos respects. » Et le vaillant apôtre s'éloigna, sans qu'aucune parole injurieuse se fît entendre (1).

Une autre fois, il allait assister un moribond. A l'entrée d'un gros village s'était formé un attroupement d'hommes et de femmes, qui stationnaient devant un bûcher. Soudain, une voix d'enfant pousse ce cri, qui arrive distinctement jusqu'à lui : « Mort, mort au curé de Matha ! » Deux coups de feu retentissent aussitôt ; il reconnaît qu'on le fusille et qu'on le brûle en effigie, mais il n'en éprouve aucun trouble. « Je continuai, dit-il, paisiblement ma route à travers la prairie, en récitant mon chapelet. Je n'étais environ qu'à deux cents mètres d'eux. Mais la sainte Vierge que je priais, et mon bon ange qui veillait sur moi, me protégèrent si bien, que personne ne m'aperçut. J'administrai les derniers sacrements à mon pauvre malade, et je revins par le même chemin, sans être aucunement inquiété. » On lui fit observer qu'il avait été bien imprudent de retourner par la même route : « Oh ! répondit-il, je n'avais rien à craindre ; je n'ai jamais rencontré que des gens mauvais *de loin*, mais en somme, toujours bons *de près*. »

____

(1) L'abbé Hermantier.

Avec l'abbé Soullard, il n'y avait plus dans tout le canton que l'abbé Renault, à Beauvais. Incessamment en course, comme le curé de Matha, ne passant presque jamais deux nuits sous le même toit, il étonnait les fidèles par son courage et son héroïque charité. Les vexations de toutes sortes ne lui furent pas épargnées. « Le premier dimanche de Carême 1831, raconte-t-il lui-même (1), jour réservé pour *l'enterrement du Mardi gras* (car les impies n'avaient pas voulu perdre le mercredi des Cendres, pour se livrer à des exhibitions non moins scandaleuses) (2), j'eus la douleur de voir parodier les cérémonies les plus sacrées de la religion. On dressa sur la place un autel et un confessionnal. Deux misérables s'affublèrent d'une soutane et d'un surplis, pour singer la messe et la confession. » Et il ajoute : « J'ai entendu dire depuis que la justice de Dieu avait sévi contre eux. »

L'année suivante, en souvenir des journées de Juillet, il fut personnellement pris à partie par la coterie révolutionnaire. On vint manifester sous

(1) *Impressions de ma vie.* (Inédit.)

(2) C'est le matin de ce jour que l'on enterrait ordinairement le Mardi gras, *aliàs*, le bonhomme Carnaval. (V. *Mœurs d'autrefois*, chapitre iv.)

ses fenêtres, l'insulter, proférer des cris de mort ;
puis on le fusilla, on le brûla en effigie, et l'on
fit sentinelle devant sa porte, pour le tenir prisonnier. Des amis dévoués profitèrent de la nuit
pour le soustraire au danger qui menaçait sa vie.
En se cachant de maison en maison, il réussit à
s'éloigner du bourg, et se réfugia auprès des
vicaires généraux (janvier 1832).

Après avoir rétabli sa santé, altérée par la fatigue et les tribulations, il fut chargé du service
paroissial de Rétaud (1).

Le curé de Matha éprouva un grand chagrin de
ce départ. Il avait une profonde affection pour
cet excellent prêtre. « De tous les ecclésiastiques
qui ont paru dans le canton, disait-il, c'est celui
qui en a le mieux saisi l'esprit et dirigé la marche
vers le progrès religieux. Il savait captiver les
âmes, se faire aimer de tous, supporter les insultes
avec un calme imperturbable. D'une activité peu
commune, il se trouvait, au moment propice, partout où sa présence pouvait être désirée, soit auprès des mourants, soit auprès de ceux qui étaient
dans la peine. Son secours était pour moi très

(1) Le 7 septembre, il quitte Rétaud, pour Saint-Fort-sur-
Gironde, où il est mort le 3 février 1882. V. (*Bullet. relig.*,
loc. cit.)

précieux. Nous avions tous les deux les mêmes vues, les mêmes manières d'agir ; nous suivions la même ligne de conduite. Nous servant mutuellement de mentor, de soutien, nous nous encouragions l'un et l'autre à bien nous acquitter de notre difficile mission. Mon Dieu, que j'ai perdu au départ de ce bon prêtre ! »

Désormais, l'abbé Soullard restait donc seul… seul pour vingt-cinq paroisses, sans parler de celles qui étaient limitrophes au canton. En somme, près de cinquante paroisses recouraient à lui (1) ! … Et quel ministère il avait à remplir !… Une fois, il fait à Loiré, canton d'Aulnay, quarante baptêmes le même jour (2) !

Cette vaste étendue de territoire avait été divisée en deux grandes circonscriptions, ayant pour centres Matha et Beauvais. Il maintint cette disposition. Chaque dimanche, il célébrait le saint sacrifice au milieu d'une affluence très considérable. On y venait de plusieurs lieues, quelques-uns même à cheval ou sur des charrettes à bœufs. Les autres jours de la semaine, il partait dès le matin, pour quelque église plus ou moins éloi-

_____

(1) L'abbé Hermantier.
(2) Les registres paroissiaux en fournissent la preuve authentique.

gnée, où il devait dire la messe. Après avoir entendu les confessions et visité les malades, il passait à une autre paroisse.

Chemin faisant, il vaquait à ses exercices de piété, ou apprenait par cœur quelques passages des épîtres de saint Paul.

Pour toute provision, il emportait une modeste ration de pain sec. Quand la fatigue s'était fait plus fortement sentir, il ajoutait, le lendemain, une couple de morceaux de sucre. C'est tout ce qu'il prenait pour attendre le soir, buvant aux fontaines, comme les anachorètes d'autrefois. A l'approche de la nuit, il se mettait à table, et c'était le seul repas confortable qu'il fît chaque jour (1).

Malgré la surcharge de ses occupations, il songeait à la réouverture de sa maison, bien déserte, hélas ! depuis plusieurs années. Le morne silence qui y régnait lui serrait le cœur. « Quand je rentre chez moi, le soir, disait-il, la douleur d'aborder cette vaste solitude se joint à la fatigue de la journée pour achever de m'accabler, et cette pensée du prophète me revient à l'es-

____

(1) L'abbé Hermantier.

prit : *Viæ Sion lugent, quia non sunt qui veniant ad solemnitates* (1).

Quatre années s'étaient ainsi écoulées. Le calme était revenu peu à peu dans les esprits. On avait fini par si bien comprendre que les prêtres n'étaient pas des ennemis, qu'on en réclamait de tous côtés.

Ces heureux symptômes lui firent ardemment désirer de voir bientôt revivre autour de lui l'animation des vieux jours. Le moment favorable de reprendre l'œuvre de l'instruction de la jeunesse, qui lui était si chère, allait enfin se présenter !

(1) Les chemins de Sion pleurent, parce qu'il n'est plus personne qui se rende à ses fêtes. (Thren. 1, 4.)

CHAPITRE V

1834-1845

CHAPITRE V

1834-1845

Voyage en Vendée. — L'abbé Soullard en prend occasion de
relever son petit séminaire. — Il en amène son premier
pensionnaire. — Le nombre s'accroît. — Rôle des élèves
dans les cérémonies religieuses. — Application du système
de l'enseignement mutuel et simultané. — Visite pastorale
de Mgr Villecourt. — Ses impressions. — Etat de l'instruction primaire à cette époque. — Les filles hors la
loi. — Ce que fait en leur faveur le curé de Matha. —
Mlle Bequet. — Ecole provisoire de religieuses. — Fondation du couvent. — Embarras financiers. — Apparition des colporteurs protestants. — Le ministre Delmas.
— L'abbé Soullard défenseur de l'Église. — Ses ouvrages
de controverse.

Au mois de janvier 1834, il se mit en route,
pour revoir et saluer les lieux témoins de ses premières années. Marcheur intrépide, il fit à peu
près tout le voyage à pied, à l'instar des pieux
pèlerins d'antan. Avec quel bonheur il se re-
trouva bientôt au sein de sa chère Vendée ! « O
bien-aimé petit bourg de Chambretaud, écrivait-il
à un vieil ami ; terre féconde pour le sacerdoce et

le cloître ! O prêtres vénérés (1) qui ont veillé sur notre enfance, si habiles à reconnaître les germes des plus saintes vocations, si patients à les développer ! O Père Baudouin, ouvrier intelligent, dont la volonté persévérante, toujours d'accord avec *sa fidèle associée*, la divine Providence, a su projeter et réaliser sans bruit, je pourrais dire sans ressources, ces œuvres, grandes comme celles que font les saints ! O souvenirs bien propres à humilier les faiblesses... à faire rougir la pusillanimité, à ranimer le zèle et le courage !... »

Et sous l'impulsion de ces généreux sentiments, il résolut de relever son petit séminaire.

A la cure des Herbiers, il y avait alors un jeune élève du sanctuaire qui lui était uni par les liens du sang. Instruit de ses excellentes dispositions, il projeta d'en faire son premier élève. Rien ne s'opposa à ses desseins, et quand il partit, Louis Soullard suivit son oncle à Matha. Un an ou deux après, trois autres élèves ecclésiastiques (2) et un certain nombre de laïques se joignaient à lui. On fut bientôt au nombre

____

(1) M. Gabard et M. Moreau.
(2) MM. Léon Aubouin, Émile Marchives, François Soullard.

de douze et l'on s'intitulait « petit séminaire ».

Déchargé d'une notable partie de ses obligations pastorales par l'arrivée des nouveaux coadjuteurs, envoyés en 1835 à Beauvais et à Neuvicq (1), l'abbé Soullard se sentait plus de latitude pour s'occuper de ses jeunes écoliers.

Grâce aux éléments qu'il avait ainsi sous la main, les cérémonies de l'église recouvrèrent le cachet de solennité qu'elles avaient perdu depuis plusieurs années. Tous les élèves, parés d'habits de chœur, servaient à l'autel et chantaient à l'envi ; les fidèles en étaient édifiés et ravis.

Le dimanche soir, après les offices des deux paroisses, on s'acheminait vers quelque église abandonnée des environs. En franchissant le seuil de la maison, on entonnait un cantique populaire dont le refrain marquait le pas et égayait la marche, même à travers les rues du bourg. Des groupes se formaient sur le parcours ; l'on faisait escorte bien souvent jusqu'au lieu désigné. Là, on chantait les vêpres avec un entrain admirable, et le pasteur profitait de l'occasion pour adresser à l'assistance, toujours nombreuse, une allocution pleine de foi et d'onction. Et l'on ne se retirait

(1) MM. Lemoal et Bounet.

jamais sans recevoir de tous cette encourageante invitation : « Revenez bientôt ! »

Malgré les efforts du maître (car les devoirs du saint ministère l'appelaient fréquemment dans la campagne), les élèves travaillaient seuls la majeure partie du temps. Le « bon maître d'étude » de Blanzay, M{{me}} Berthelot, veillait à l'observance du règlement. Le système de l'enseignement mutuel devenait, en ce cas, d'une application naturelle ; d'ailleurs, il était alors en vogue dans bon nombre d'écoles. Les plus forts instruisaient les plus faibles ; le silence était de rigueur.

Le soir, l'infatigable supérieur faisait la classe en mangeant. Il contrôlait tout le travail de la journée et donnait une leçon générale. Les progrès démontraient que cette manière de procéder n'était pas infructueuse, puisque, une fois admis dans les autres institutions pour y terminer leurs cours, ses élèves y remportaient des succès.

Au mois de juin 1838, Mgr Villecourt fit sa tournée pastorale dans le canton de Matha. L'on avait mis tout en œuvre pour lui préparer une magnifique réception. L'empressement, l'attitude de la population furent tels, que le prélat se montra extrêmement surpris d'un accueil si sympathique, dans un pays réputé si terrible pour la religion et ses ministres.

Il fut particulièrement frappé de l'extérieur pieux et modeste, de la douce expression de bonté qui se reflétait dans les traits du pasteur. Le mot de Cicéron lui revenait à l'esprit : *Loquuntur oculi quo animo sis affectus* (1). Aussi, lors de sa visite au grand séminaire, il se plut à parler du saint prêtre avec le plus grand éloge, à raconter les impressions qu'il avait éprouvées à son aspect, et il le proposait à tous pour modèle.

Jusque-là, l'instruction populaire, désorganisée par la Révolution, n'avait pu reprendre sa marche que d'une façon lente et difficile. Le mémorable rapport de Talleyrand (octobre 1790), le décret de brumaire an IV, et la loi de pluviôse an VI, étaient restés sans effet. Sous la Restauration, diverses ordonnances avaient été publiées, mais ce n'est véritablement qu'en 1833, sous le ministère Guizot, que l'enseignement primaire reçut une réelle et véritable organisation. Toutefois, rien n'avait encore été fait pour l'instruction de la jeunesse féminine ; ce n'est qu'en 1866 qu'une loi fut présentée pour cet objet.

(1) Les yeux sont le miroir de l'âme.

L'ABBÉ J. SOULLARD. 3**

Dans le canton de Matha, aussi bien qu'ailleurs, la majeure partie des filles ne savaient pas lire. Les parents regardaient comme superflu de leur apprendre autre chose que les soins du ménage et de la bergerie. Aussi, l'ignorance était à son comble ; la superstition et les plus grossiers préjugés exerçaient sur les esprits une influence néfaste. L'abbé Soullard pensa qu'une fondation religieuse serait un moyen très efficace de combattre le mal. Mais, sans ressources, comment établir un couvent ?

Dieu se chargea d'y pourvoir.

Un chrétien, un ami dévoué, M. Bequet, dont la fille aînée entrait alors en religion chez les dames de Sainte-Marie de la Providence, à Saintes, prêta dans cette circonstance un généreux concours. Il offrit un vaste terrain, avantageusement situé, presque au centre du bourg.

Le premier obstacle était vaincu. Mais il fallait bâtir. L'abbé Soullard consulta Mgr Villecourt et lui communiqua ses desseins. « Je pourrai, lui dit-il, extraire moi-même les pierres de la carrière, acheter sur pied des bois de charpente, et les exploiter ; nous ferons un emprunt que la maison mère, j'ose l'espérer, nous aidera à couvrir. De la sorte, j'ai confiance que nous aboutirons à d'heureux résultats. » L'évêque admira le désintéressement et le zèle actif du bon prêtre, et il l'encouragea dans son projet. Pour procéder avec prudence, il fut convenu qu'on ouvrirait tout d'abord, à titre d'essai, une classe gratuite. Trois religieuses furent demandées à la Providence de Saintes. On les installa dans un local provisoire, et, grâce à Dieu, les espérances ne furent pas déçues. Favorablement accueillie par la population, la nouvelle école réunit bientôt un certain nombre d'élèves.

Quand, au bout de deux ans, on eut à peu près acquis la certitude que l'œuvre aurait chance de succès, on commença les constructions. On était alors dans les derniers mois de l'année 1839.

Par raison d'économie, l'on s'était limité à des proportions très restreintes : tort regrettable, que l'on ne reconnut que quand la maçonnerie fut élevée à une certaine hauteur. Les rigueurs de la saison d'hiver permirent toutefois de le réparer. Sous l'effort des pluies et des gelées persistantes, le mur principal s'écroula. On avait dès lors la faculté de donner plus d'extension au bâtiment.

Tant que durèrent les travaux, l'abbé Soullard paya vaillamment de sa personne, se faisant tour à tour carrier, architecte ou maçon.

Alors, comme naguère pour son petit séminaire, le public jugea l'entreprise d'une façon diverse.

Les uns l'approuvaient et l'exaltaient, les autres la condamnaient. Il en est même qui allèrent jusqu'à accuser le généreux prêtre d'être un *homme d'argent* et de chercher à s'enrichir par tous les moyens possibles. Fort peu soucieux du jugement des hommes, l'abbé Soullard poursuivit paisiblement son but ; au mois d'octobre 1840, tout était terminé.

Les difficultés ne cessèrent point pour cela. Les secours sur lesquels il aurait eu quelque droit de compter, lui firent absolument défaut. La maison mère n'était pas en mesure de lui venir en aide. Les emprunts qu'il avait contractés pour couvrir tous les frais restèrent donc entièrement à sa charge. Que de sacrifices il s'imposa pour faire face aux obligations qu'il avait contractées !

Néanmoins le désir qu'avait le pieux pasteur de moraliser et d'instruire les nouvelles générations était si ardent, qu'il tenta une autre fondation à Neuvicq. Deux religieuses et une sous-maîtresse tinrent une école libre au château. C'était la seule école de filles pour toute la région. Mais, faute de ressources, cette création ne subsista que quelques années.

L'abbé Soullard, comme on le voit, favorisait, même au-dessus de ses forces, le progrès de l'instruction et le développement de l'intelligence. Malheureusement, *c'est grand pitié quant argent faut à gens qui voulet voulentiers* (1)!...

Esprit élevé, nature fortement trempée, il marchait sans cesse d'obstacle en obstacle, sans éprouver de défaillance, ni se rebuter jamais. Ce qui déconcerte promptement les caractères faibles ne contribuait qu'à affermir sa persévérance, et certes, ce n'est point le côté le moins admirable de cette âme d'élite.

Mais pendant qu'il ne songeait qu'à dépenser toute son activité pour le bien des âmes et l'éducation de la jeunesse, une polémique, à laquelle il ne devait pas demeurer étranger, s'engageait, sur le terrain religieux, au chef-lieu même du département. L'on était alors en 1842.

Depuis 1830, les mauvaises doctrines n'avaient cessé de se propager. Si le gouvernement n'en encourageait pas la diffusion, du moins, il ne s'y opposait aucunement. Le plus désolant réalisme était passé de la théorie dans les mœurs. « Le

(1) Inscription de l'ancien presbytère de la Clisse. (V. *Recueil de la Commission des arts et Mon. histor. de la Charente-Inférieure*, t. V, p. 201. — *Épigraphie santone*, p. 116.)

riche se renfermait dans sa fortune, l'industriel dans ses spéculations, l'ambitieux dans son poste, l'homme d'État dans son pouvoir ; la société dans la vie matérielle ; on en avait fini avec les vieux dogmes, et on les ensevelissait avec honneur ; on n'avait pas chassé Dieu, mais on l'avait éconduit avec politesse ; on faisait de grandes révérences à la religion et à ses ministres, et on couvrait par l'éclat du respect le mépris de ses doléances ; on tolérait les réclamations de l'épiscopat et on donnait le mot d'ordre à tous les professeurs de philosophie contre la religion, et à tous les instituteurs des campagnes contre le curé (1). »

La Réforme s'était mise de la partie. Sous le fallacieux prétexte de travailler au relèvement moral du pays, mais, en réalité, pour battre en brèche l'autorité de l'Église, elle avait envoyé de tous côtés des colporteurs, prédicants improvisés, qui inondaient les villes et les campagnes de bibles tronquées, et de pamphlets injurieux contre le pape, les évêques et les prêtres.

MM. Labro et Thibeaud, à la Rochelle, repoussèrent énergiquement les attaques de M. Cambon, ministre protestant de Marennes, et de M. Puaux.

(1) *Du Protestantisme et de toutes les hérésies dans leurs rapports avec le Socialisme*, par A. Nicolas, t. II, p. 42.

L'abbé Soullard suivait avec le plus vif intérêt les débats de la controverse. Mgr Villecourt vit bientôt qu'il était de son devoir d'intervenir. Dans une lettre pastorale (15 avril 1844), il réfutait les sophismes et les calomnies des protestants et s'efforçait, par de sages avis, de prémunir les fidèles contre les doctrines erronées et dangereuses de ces prétendus ouvriers évangéliques.

La propagande ne tarda pas à faire paraître une réponse à la lettre de Mgr Villecourt. Elle était signée des quatre colporteurs Doine, Maubert, Monnet et Guérin; mais c'était l'œuvre du ministre protestant de la Rochelle, M. Delmas.

« Invité par son évêque à prendre part à la lutte, le curé de Matha le fit avec une énergie et une force dont peut-être on ne l'eût pas cru capable, mais aussi avec une mesure, une dignité et une courtoisie à laquelle ses adversaires eux-mêmes ont rendu un éclatant hommage.

« Il faut lire la préface de sa première brochure, pour se faire une juste idée de l'humilité de ce prêtre aussi instruit que modeste. « Rien, « dit-il, n'égale l'embarras que j'éprouve au mo- « ment de me produire dans le public, moi, curé « de campagne, fort solitaire assurément et très « heureux de l'être... Non, jamais, je n'aurai trouvé

« en moi-même assez d'assurance pour exposer mes
« pensées aux yeux du public, combattre haute-
« ment les opinions d'autrui et établir les miennes. »

« Plein de défiance pour ses propres lumières,
il soumit son travail à l'autorité diocésaine, et le
dédia à Mgr Villecourt, dont les suffrages encou-
ragèrent le saint prêtre tout en le couvrant de
confusion (1). »

Ce n'était point aux signataires de la *Réponse*
que l'abbé Soullard entendait s'adresser. Tous les
évangélistes et colporteurs disséminés dans le
pays n'auraient guère été capables, même collec-
tivement, de produire un pareil factum. « Parmi
eux, écrivait-il, les uns cassaient, il y a deux ans,
des cailloux sur la route de Saintes..., les autres
frappaient sur l'enclume..., d'autres enfin passaient
la fine aiguille..., les autres ne sont pas du pays.
Le bruit a couru dans nos campagnes qu'ils étaient
instituteurs révoqués, et les voilà transformés en
docteurs approfondis sur l'Écriture et sa véritable
interprétation; les voilà qui rappellent un évêque
à l'ordre, et lui reprochent son ignorance (2)!... »

(1) Notice, p. 16.
(2) *Réflexions sur le livre de M. Delmas, ministre protestant à la Rochelle*, p. 18. In-8°, 199 pages. Saint-Jean-d'Angély, Durand, imprimeur.

Ils allèrent bien plus loin. Poussant la suffisance à son comble, ils provoquèrent l'évêque de la Rochelle à une conférence publique.

Amenant alors sur la scène le véritable auteur de la provocation : « Vous voudriez, dit-il, M. Delmas, que l'évêque de la Rochelle acceptât le défi de vos colporteurs ? Je me charge, moi, de vous dire pourquoi il ne le fera pas. Voici comment je m'y prendrai :

« Je prierai trois ou quatre de mes confrères de me prêter, pour huit ou quinze jours, le ministère de leurs sacristains. Je dresserai aux sacristains une réfutation des *Observations* de M. Delmas ; elles sont assez vulnérables, comme on sait ; puis, à la suite, se trouvera un cartel en bonne et due forme, toujours au même M. Delmas. Pendant que j'écrirai la réfutation, les sacristains, qui seront de loisir, apprendront une compilation de textes applicables aux controverses religieuses, ou bien, si je vois qu'ils s'en accommodent mieux, d'autres passages de l'Écriture : les sept psaumes de la pénitence, par exemple ; et avec cette provision de science scripturaire, ils attendront M. Delmas à venir. S'il vient, ils auront à lui faire, dès le premier signal, une décharge de textes qui pourront l'étonner et à laquelle il lui sera très difficile de répondre, car les sacristains feront comme les colporteurs : ils citeront l'Écriture sainte sans rien comprendre ; ils ne perdront point le temps à écouter des raisons ou des explications ; en sauraient-ils la valeur ? Mais, baissant la visière, et poussant l'adversaire à outrance, sans le laisser reconnaître et revenir de son étonnement, ils se feront forts, avec les psaumes de la pénitence, de tout prouver : la nécessité du baptême, la pénitence, la confession, l'Eucharistie, la messe, l'infaillibilité de l'Église romaine, la condamnation des sectes, et toute question qui pourra survenir accidentellement pendant la dispute, même sur le culte des images et des reliques des saints, ou bien encore sur des points d'histoire et de biographie ; comme quoi, par exemple, Luther est l'antechrist, ou bien Calvin, mais non, le pape ! Qu'en dites-vous ?

« Et pour mieux faire sentir d'avance la trempe de pareilles armes, je vous en donnerai un échantillon, dans la lettre ou réfutation qu'ils vous écriront *par ma main*, dans laquelle ils tireront, de deux ou trois de leurs textes, — absolument comme vos colporteurs, — des conséquences si bizarres, si hardies ou si éloignées, que vous verrez de suite à quelles têtes vous aurez affaire.

Je vous avertis encore que, pour achever leur triomphe, bien assuré désormais, les sacristains parleront haut, imperturbablement; ils seront exercés à ne pas donner à l'adversaire le temps de placer un mot; ils sauront qu'une fois au bout de leur rôle, il faudra recommencer pour ne pas rester court : ils répéteront ainsi une fois, deux fois, dix fois, les mêmes choses avec une volubilité toujours croissante, et nous verrons, nous qui serons derrière eux, pour les rassurer au besoin, si vous brillerez devant de pareils raisonneurs ».

L'argument *ad hominem* ne manquait ni de force, ni d'originalité. « Enterrez donc, concluait-il, cette lettre des colporteurs et surtout leur défi ! N'en parlez plus; on finira par l'oublier et vous le pardonner » (p. 39-41).

« Depuis que ces ouvriers interlopes se sont mêlés de prêcher publiquement, ils ont attiré aux protestants, en général, une réputation colossale d'ignorance et d'incapacité. Dès la première fois qu'ils ont prêché à Matha, à l'auberge du *Cheval-Blanc*, plusieurs personnes instruites, qui avaient voulu les juger, ne purent soutenir jusqu'au bout le décousu de leur harangue, et sortirent, en haussant les épaules de pitié... Les essais postérieurs ont été tout aussi mal habiles, et aussi peu heureux (p. 42).

Et comment aurait-il pu en être autrement, du moment que M. Delmas fait justement ce que défend saint Paul : qu'il impose à des néophytes la charge du ministère évangélique (1)? Et d'ailleurs, qui lui en a conféré le pouvoir? Aussi, ses envoyés ont voulu parler en hommes inspirés et ils ont déraisonné à plaisir... Conséquence inévitable du droit de *libre examen*, du *droit individuel d'interpréter l'Écriture*.

Dans toute institution, de quelque nature qu'elle soit, il faut un chef, un maître, une autorité; autrement, *la maison est divisée contre elle-même*.

« Voyez donc ces enfants qui sortent de l'école, qui courent sur la place, qui y forment leurs parties et leurs jeux; les voilà devant vous! Par où commencent-ils? Ils reconnaissent d'abord les règles, les conditions, les lois du jeu. Ils nomment les chefs de chaque camp. Si quelque contestation s'élève, la loi est invoquée, et si la loi est méconnue, la partie est rompue, *on ne*

(1) Non neophytum, ne in superbiam elatus in judicium incidat diaboli. (I Tim. III, 6.)

s'amuse plus. Ces enfants sont vos juges. Ils sont, en effet, plus habiles que vous, sans avoir appris la philosophie; le bon sens leur dit que, là où il n'y a pas de règle, rien n'est possible, pas même de jouer. »

L'autorité en matière doctrinale, comme en matière disciplinaire, est donc absolument nécessaire. Chez nous, c'est ce qui fait notre force et notre unité. Et après l'avoir solidement démontré par des preuves d'autorité et de raison, il passe en revue toutes les arguties, tous les paradoxes, toutes les erreurs accumulés dans la *Réponse*, contre l'Église catholique et son enseignement, et il en fait table rase, assaisonnant d'une fine ironie les plus irréfragables arguments.

Par une coïncidence singulière, les *Réflexions* tombèrent sous les yeux du ministre Delmas, au moment où il mettait sous presse sa deuxième brochure, intitulée : *Examen de la Réponse*. C'est pourquoi il en ajourna l'impression, afin d'y annexer un long appendice. Le curé de Matha releva avec non moins d'esprit que précédemment les imputations injurieuses qu'il y retrouvait à l'adresse de son évêque. D'autre part, les raisonnements plus ou moins spécieux du ministre rochelais contre l'Église, ses enseignements, sa discipline, lui fournirent l'occasion d'écrire sur la matière une magnifique page de théologie et d'histoire (1).

Il établit que l'Église catholique seule a reçu sa mission de Dieu, que la Réforme n'est qu'une enfant révoltée contre sa mère, qu'un rameau stérile détaché de l'arbre de vie, qu'un corps sans tête. Et en face de l'impuissance du protestantisme à produire quelque œuvre vitale et grandiose, « il fait un tableau plein de grandeur et d'éloquence, » du rôle, de l'influence, du progrès du ministère catholique à travers les siècles. Le portrait de Luther et Calvin est d'un intérêt saisissant.

Quant aux colporteurs, que M. Delmas représente comme d'humbles disciples de Jésus-Christ et « qui se bornent à répandre la Bible et à parler quelquefois de la nécessité de lire ce livre de vie », ce ne sont que des apôtres de mensonge et d'impiété. « C'est de leurs mains que tombent, à joncher la terre, ces nuages de pamphlets ignobles (p. 45) qui méritent la saisie, en raison de leur caractère immoral, comme leurs auteurs et leurs

---

(1) *Nouvelles réflexions sur la brochure de M. Delmas.* In-8°, 168 pages. — Elles ne furent livrées à la publicité qu'en 1847, mais elles étaient écrites antérieurement à cette date.

propagateurs mériteraient l'animadversion des lois » (p. 48).

Finalement, à bout de raisons, le ministre rochelais, alléguant de futiles prétextes, annonce qu'il brise sa plume et qu'il sort de la lice (p. 162).

Mais, pendant que le curé de Matha dévoilait la faiblesse, la pauvreté d'argumentation de M. Delmas, flagellait ses dignes agents, les colporteurs, et s'évertuait à paralyser l'influence protestante, Doine, le plus intelligent et le moins ignare des quatre, en qualité d'ancien instituteur, visait aux moyens de se créer une situation à Matha. Patronné par l'administration supérieure, encouragé par quelques calvinistes de vieille roche et surtout par une douzaine de nouveaux adeptes, il se faisait qualifier ministre. Il avait jeté déjà son dévolu sur une ancienne chapelle en ruine, qu'il se promettait de convertir en temple évangélique. Il réussit à l'acquérir à vil prix. Migron, Villepouge, Aumagne, eurent aussi leurs temples. Ce n'est que grâce à l'énergie des maires qu'il ne s'en éleva point dans les communes de Ballans et de Macqueville.

En somme, ce maigre regain de vitalité eut la durée de l'éclair. Les ministres, plus ou moins attitrés, déclaraient, avec un certain dépit, que ces populations ne valaient guère mieux pour le catholicisme que pour la réforme...

A Matha, l'abbé Soullard combattait l'hérésie de toutes ses forces, dans ses prédications. Les vrais catholiques admiraient la précision de sa logique, l'évidence des preuves qu'il apportait à la défense de la vérité. Au contraire, les tolérants systématiques, amis de toutes les religions, sans en pratiquer aucune, lui reprochaient sa véhémence de langage contre l'erreur. Aussi, fut-il dénoncé, surveillé, accusé de calomnie contre certaines notabilités.

A la suite d'un procès-verbal dressé par la gendarmerie, instrument politique forcé d'agir dans la circonstance, il y eut une enquête administrative et quasi-judiciaire, qui devait se terminer par la condamnation du curé. L'abbé Soullard fit une copie de son discours. Certifiée véritable par ses auditeurs les plus intelligents, elle fournit la preuve que, ni l'administration civile, ni les protestants qui se disaient personnellement atteints, n'avaient été mis en cause.

Le cœur du pasteur n'en souffrait pas moins de voir l'ivraie semée à profusion dans le champ du père de famille. Sans doute, le protestantisme ne pouvait prétendre à de brillants succès dans le pays ; il y fit cependant un mal considérable, en y implantant son esprit.

Les écrits de l'abbé Soullard avaient, malgré tout, réalisé le but qu'il poursuivait. Réduire au silence le principal champion du parti protestant était un triomphe de haute conséquence. L'effet moral en fut considérable. Aussi la réputation du curé de Matha franchit les limites du diocèse. Les remarquables réfutations des libelles de M. Delmas révélaient dans son auteur, outre une intelligence peu commune, le talent de l'écrivain, la science de l'érudit, le tact et l'habileté d'un controversiste consommé. L'administration ecclésiastique se devait à elle-même de récompenser le zèle et les efforts d'un sujet si digne de l'être. Mais l'humble prêtre fit bientôt voir combien le prestige des honneurs avait peu d'empire sur son âme.

CHAPITRE VI

1845-1849

CHAPITRE VI

1845-1849

Au début de l'année 1845, Mgr Villecourt mé-
nageait à l'abbé Soullard une gracieuse surprise,
en reconnaissance de ses services. Après avoir élo-
gieusement approuvé son premier volume de controverse, il le nommait chanoine de sa cathédrale.
Ce fut pour le curé de Matha un précieux encou-
ragement ; aussi poursuivit-il ses travaux avec
une nouvelle ardeur.

A l'occasion de son second volume, l'évêque de
la Rochelle se plut de nouveau à rendre hautement témoignage au mérite du vaillant défen-

seur de l'Église. « Votre première réponse à M. Delmas, lui écrivait-il le 30 janvier 1847, offrait déjà des pages si remarquables, qu'il avait cru devoir supposer que vous aviez eu des *collaborateurs*. Nous ne devons pas en être trop surpris ; il ne savait pas, comme ceux qui ont été vos compagnons d'étude, dans quel rang supérieur vous avaient placé votre application et vos talents. Mais son hypothèse n'en est pas moins un hommage d'autant plus appréciable, qu'il vient d'un adversaire peu enclin à vous flatter. Je ne sais pas ce qu'il pensera de vos *Réflexions nouvelles*, et s'il persistera dans la disposition où il semblait être de vouloir briser sa plume. Il laisse échapper dans un autre endroit qu'il pourrait bien reparaître quelque jour sur le champ de bataille. S'il ne s'y rencontrait plus, il ne pourrait pas du moins alléguer que son antagoniste n'est pas digne de lui : je ne crains pas de le dire, votre second opuscule honore la cause que vous défendez ; le style en est pur, la logique en est pressée, lucide, triomphante. Quelques-uns de vos tableaux, comme celui du progrès du ministère catholique, sont d'une éloquence incontestable (1).

(1) Nous citons ce magnifique passage à l'Appendice.

« M. Delmas vous avait cru blâmable, parce qu'après ma réponse à son écrit, vous aviez publié le vôtre. Mon approbation avait d'avance écarté ce nuage. D'ailleurs, votre travail était fait quand vous apprîtes la publication du mien. Vous me demandâtes si vous deviez publier votre livre : je crus que la vérité ne pouvait qu'y gagner. Vous êtes donc allé en avant, et vous avez bien fait. Vous me consultez maintenant sur la destinée que doit avoir votre récent labeur : je ne balance pas à en approuver l'impression ; mais je veux que cette lettre, mise en entier à la tête de l'ouvrage, atteste au public mes sentiments pour vous et pour vos productions. Ceux qui savent combien sont multipliées les occupations de votre ministère, s'étonneront que vous puissiez trouver encore des instants, pour traiter les matières de controverse avec un talent aussi supérieur. »

« L'abbé Soullard hésita longtemps à mettre en tête de son nouvel ouvrage cette lettre si compromettante pour sa modestie ; il le fit cependant par obéissance.

« L'estime qu'il avait inspirée à son évêque était telle, que Sa Grandeur avait eu un instant la pensée de lui confier la direction du grand séminaire, à l'époque où Mgr Pallu du Parc fut nommé évêque de Blois » (1). Mais l'administration diocésaine, pour des motifs d'un intérêt majeur, chargea les Prêtres de la Mission de cette œuvre capitale.

L'évêque de Luçon, qui n'appréciait pas moins ses éminentes qualités, aurait voulu se l'attacher et le fixer près de lui. Il lui proposa le titre et les hautes fonctions de vicaire général. Son humilité en fut effrayée et il refusa.

Peu de temps après, la cure de Saint-Louis-de-Rochefort étant devenue vacante par la mort de M. Chaigne, Mgr Villecourt, avant de le faire agréer du gouvernement comme titulaire, sollicita son adhésion : il ne put l'obtenir (décembre 1847) (2). Matha avait toute son affection ; Matha lui suffisait !

En dépit des idées libérales et matérialistes dont il faisait profession, le gouvernement, sur la réclamation d'un grand nombre de communes et les instances des évêques, avait compris que le service religieux dans les campagnes était tout à fait insuffisant, et réclamait une sérieuse réorganisation. Le 30 décembre 1845, une lettre-circulaire du ministère des cultes, transmise aux curés par l'administration épiscopale, demandait une

(1) Notice, p. 18.
(2) L'abbé Hermantier.

réponse catégorique à une série de questions sur la matière.

« Veuillez remarquer, écrivait Mgr Villecourt, qu'il s'agit surtout de l'avantage spirituel des populations, dont les intérêts ne doivent jamais être sacrifiés à des considérations particulières. On s'est peut-être trop écarté de cette règle, lors de la première organisation des paroisses en 1803.

« Il ne faudra donc indiquer que celles des annexes qui, par l'importance de leur population ou leur situation géographique, réuniraient véritablement toutes les conditions indispensables, pour l'obtention du titre de succursale. »

L'abbé Soullard, après avoir déclaré que le canton de Matha avait été « le plus maltraité de tous dans la répartition de 1803 », en faisait ainsi ressortir les tristes conséquences : « Dans plusieurs des communes qui le composent, on voit *ce qui n'existe nulle part en France*, des familles entières, pères, mères et enfants, qui vivent sans baptême, sans première communion, sans mariage chrétien, et qui meurent sans avoir fait un seul acte extérieur de christianisme. On y voit des populations entières sans principe religieux et tombées dans un tel état d'ignorance, que les prédicateurs hérétiques eux-mêmes, qui avaient compté sur cet état de démoralisation religieuse, ont avoué publiquement que ces peuples ne pouvaient faire ni des catholiques, ni des protestants. Vie matérielle et presque animale, voilà l'existence du peuple en général. Les tribunaux d'ailleurs sont là pour indiquer l'état moral du pays.

« Pour atteindre des gens si éloignés des pratiques religieuses et auxquels cet état d'éloignement est si funeste, même sous le rapport politique et civil, il est nécessaire de rapprocher d'eux les pasteurs. Si l'on veut pourvoir d'une manière efficace au besoin moral de cette contrée, il faut que toutes les succursales soient formées de deux communes au plus, l'une chef-lieu, l'autre annexe. Il faut de plus que l'église de l'annexe soit érigée en chapelle, afin qu'elle puisse se relever et s'entretenir par des mesures légales et administratives et que l'on y célèbre l'office divin, car jamais, dans l'état actuel de l'opinion par rapport aux devoirs religieux, on n'obtiendra que la population de l'annexe se transporte, pour les remplir, dans l'église du chef-lieu. La distinction de communes, aux yeux des habitants, emporte essentiellement l'idée traditionnelle et assez naturelle d'ailleurs de distinction de paroisses. »

La classification qu'il proposait exigeait l'érection de trois nouvelles succursales (1) ; mais ces trois localités n'offraient aucune ressource, *pas même celle de la bonne volonté*. C'était aussi treize chapelles à reconnaître. « Si cette dernière mesure, qui n'est que l'expression d'un besoin réel, ne pouvait avoir son accomplissement immédiat, il faudrait au moins que le gouvernement autorisât les votes que feraient les communes annexes pour l'entretien de leurs églises. Le plan suivi de *laisser périr les églises* pour faciliter la fusion des petites communes dans les grandes, laisse tout aussi vivace l'esprit de rivalité et d'indépendance qui sont le *véritable obstacle*, et n'aboutit qu'à *ruiner la religion*. Pour qu'elle reprenne sa salutaire influence d'autrefois, il faut que nos paysans aillent à la messe, chacun dans son église, là où ils sont baptisés, là où ils seront enterrés ; les idées du peuple sont essentiellement traditionnelles, et l'on ne sait pas tout le mal qu'on lui fait quand on blesse en lui ce sentiment naturel et indestructible. »

Le canton de Matha aurait donc eu treize paroisses, à chacune desquelles se fût rattachée une annexe. Ces justes réclamations reçurent, dans la

---

(1) Sonnac, Haimps, Cressé.

suite, pleine et entière satisfaction, puisque ledit canton est actuellement pourvu de quatorze titres curiaux.

Pendant le cours de cette grave et importante négociation, un événement déplorable venait attrister le zélé pasteur.

Le malheureux curé de Migron, Chardavoine, passait du giron de l'Église catholique dans le clan de l'hérésie protestante. Ce n'est point aux prédications des colporteurs que la cause en est imputable. Depuis plusieurs années, la conduite scandaleuse du prêtre apostat faisait gémir ses confrères voisins. L'abbé Soullard, trop près de lui pour ignorer ses désordres, ne lui avait épargné ni les charitables avertissements, ni les sages conseils, ni les pressantes exhortations. Sourd aux plus paternelles, comme aux plus affectueuses remontrances, il déclarait dès le 6 juillet 1845, devant quelques ministres protestants, devant plusieurs adeptes, et un certain nombre de catholiques, que la curiosité avait conduits à cette réunion, que « sa conscience lui reprochait de tenir la vérité captive et qu'il renonçait à tout pour la suivre et la faire connaître ».

Cette misérable défection n'eut pas le résultat que la secte paraissait en attendre. Elle comptait

sur une approbation bien marquée de la part du
peuple; il ne témoigna que dégoût et mépris.
L'on était écœuré de tant de cynisme, de tant de
perversité. Le curé de Matha ressentit une vive
douleur de voir tomber jusqu'au fond de l'abîme
ce prêtre infidèle. Il versa sur sa perte des larmes
amères. La pénible impression qu'il en conserva,
en ravivait la source, toutes les fois que les circonstances le ramenaient sur ce triste sujet.

Cependant, les « bons » habitants de Migron,
consternés de la trahison de leur curé, protestèrent
hautement de leur attachement à la foi catholique.
L'outrage fait à leur croyance provoqua une touchante manifestation de respect et de religieuse
déférence à l'égard du nouveau pasteur (1) que
le ciel leur envoyait, pour les consoler et les maintenir dans la pratique de leurs devoirs de chrétiens.

Quant à Chardavoine, il était devenu, pour les
propagandistes protestants, le héros du jour. On
le promenait en triomphe de tous côtés; on le
préconisait comme un prédicateur insigne de la
Réforme; les journaux du parti recueillaient ses
paroles impies, les commentaient à l'envi, et les

---

(1) L'abbé Dutour, mort curé de Saint-Troyan.

colporteurs répandaient à profusion dans les campagnes les feuilles hétérodoxes, qui le couvraient de fleurs. Propos éhontés contre la foi, insinuations perfides, calomnies infâmes contre le vénérable évêque de la Rochelle, tel était le sujet, le thème favori. En somme, à l'instar de ses coreligionnaires, il attaquait à peu près tout : dogme, morale, autorité ecclésiastique, et surtout, pouvoirs conférés par les saints ordres. L'abbé Soullard recueillait patiemment toutes ces aberrations de langage et de raison, dans le but d'y répondre par une réfutation en règle. Il se mit bientôt à l'œuvre. Dans le courant de l'année 1847, le travail fut terminé. Il suivait le renégat depuis son entrée au séminaire jusqu'au moment fatal de son apostasie, démasquant son hypocrisie, relevant ses blasphèmes et ses mensonges, vengeant dignement Jésus-Christ, l'Église, l'autorité épiscopale, la dignité du sacerdoce, établissant d'une manière péremptoire le pouvoir d'ordination et le pouvoir de juridiction.

Ainsi, quand le nouveau Judas se vantait de n'être plus prêtre : « Que dites-vous là, mon ami? lui répondait-il. La Bible, dont vous prétendez faire désormais la règle unique de votre conduite, vous crie bien haut : *Tu es sacerdos in æternum :*

Vous êtes prêtre pour toujours. Pensez-vous qu'une négation suffise pour effacer un caractère indélébile ? Permettez une comparaison.

« Voici une dent. Hier, elle était dans votre bouche ; vous l'avez trouvée à charge, vous l'avez arrachée. A-t-elle cessé pour cela d'être votre dent ? Non. Que s'est-il donc passé à son égard ? Tout simplement elle était utile, et elle ne l'est plus ! Elle occupait, selon son être, une place honorable, et maintenant, elle est rejetée, en raison de sa nature viciée, qui la rendait inutile, nuisible même.

« Et vous, vous étiez prêtre, vous occupiez une place d'honneur, vous exerciez un ministère sacré... Vous êtes déchu, l'on vous a rejeté comme une dent pourrie, qu'on arrache ou qui tombe d'elle-même. Cependant, le caractère indélébile du sacerdoce reste imprimé sur votre âme, âme pourrie, âme gangrenée, si vous voulez, mais toujours marquée, quoi que vous fassiez, du sceau sacerdotal, et conséquemment, toujours responsable des engagements qu'elle a contractés. »

Et cessant de s'adresser à la raison pour parler au cœur, il rappelait avec une éloquente tendresse les trésors de miséricorde et de bonté du Sauveur ; il aurait voulu toucher ce pécheur endurci.

Mais, hélas ! comme le dit le Sage : *Lorsque l'impie est tombé au plus profond de l'abîme, il méprise tout* (1).

Le curé de Matha avait communiqué son travail à Mgr Villecourt et au cardinal Régnier, évêque d'Angoulême, qui lui portait le plus affectueux intérêt. Les prélats félicitèrent vivement l'auteur; ils lui conseillèrent toutefois quelques modifications, qui ne pouvaient contribuer qu'à rehausser le mérite de l'œuvre. L'abbé Soullard s'empressa de souscrire à leurs désirs, mais tout cela exigea du temps. Dans l'intervalle, Chardavoine s'usait. Ne jouissant plus d'aucune considération dans le pays, il avait fini par disparaître. Quand l'abbé Soullard remit son manuscrit entre les mains de ses supérieurs, la polémique, qui, depuis quinze ans, avait péniblement affecté les esprits, était assoupie. On jugea inopportun, imprudent même de publier un écrit qui pouvait ranimer la controverse. Il ne fut donc pas livré à la publicité (2).

Au mois de février suivant, Louis-Philippe abdiquait le pouvoir et partait en exil. Quand l'insurrection éclata à Paris (23 juin), l'on eut peur, un instant, que la Révolution ne ramenât le

(1) Prov. xviii, 3.
(2) L'abbé Hermantier.

trouble dans les campagnes et ne suscitât de nouveau la persécution contre le clergé. Mais tout se borna à quelques cris. La devise fameuse : *Liberté, Égalité, Fraternité*, fut proclamée, et l'on planta dans toutes les communes l'arbre de la Liberté. Lorsqu'il en fut question à Matha, l'abbé Soullard fut prié de le bénir. Il accepta volontiers. « Il prononça même à cette occasion, pendant la messe, à laquelle assistaient le maire, M. Bossay, et tout le conseil municipal, une magnifique allocution, où la forme littéraire le disputait à l'élévation des sentiments chrétiens et patriotiques. Aussitôt que l'orateur eut cessé de parler, M. Bossay, âme ardente et cœur chaud, visiblement transporté par les paroles éloquentes qu'il venait d'entendre, sortit de son banc, gravit les marches de l'autel, et embrassa publiquement l'humble prêtre, que toute l'assistance se plut ensuite à féliciter (1). »

Lorsque le prince Louis-Napoléon Bonaparte eut été élu président de la République (20 décembre) le gouvernement n'oublia pas les victimes du 23 juin. On fit célébrer à leur intention un service solennel dans toutes les églises de France. Ce fut la dernière circonstance où l'on vit quel-

(1) Lettre de M. l'abbé Carot.

ques sacristains présider, en habits de chœur (1), au chant des vêpres ou des nocturnes des morts et effectuer l'absoute. Désormais, le rôle d'officiant aux cérémonies des obsèques leur fut également interdit, le nombre des prêtres s'étant multiplié dans la contrée.

Jusque-là, le curé de Matha ne s'était point élevé contre cet usage. « Il me paraissait très naturel, disait-il, car il ressemblait fort à ce que font les catéchistes dans les missions étrangères, quand la persécution a sévi contre les missionnaires. C'était une prière publique, une continuation du culte public, qui, bien que défectueuse, rendait cependant plus facile le rétablissement des cérémonies liturgiques. D'ailleurs, elle pouvait être, dans les vues de Dieu, un moyen de conserver la foi. »

La folie des enterrements civils, qui ne sont en somme qu'une négation manifeste des principes religieux, fait ressortir le bien fondé de cette appréciation.

Cependant, la petite école ecclésiastique avait commencé à dédommager l'affectionné supérieur des sacrifices qu'il s'imposait sans relâche. Elle

(1) Comme à Ballans.

avait déjà fourni plusieurs élèves au grand séminaire. Or, l'aîné de la famille lévitique, l'abbé
Léon Auboin, son fils de prédilection, celui qui,
le premier, avait été chargé naguère d'une
partie de la surveillance, et avait, sous sa tu-
telle, fait ses premiers essais dans l'enseignement, en qualité de *moniteur* (1), lui annonçait
qu'il allait être ordonné prêtre (18 décembre
1847). Aussi, conjurait-il son bon et vénéré
maître de venir lui imposer les mains à la suite
du pontife. Cette instante prière était trop affec-
tueusement exprimée pour n'être pas accueillie
avec un paternel empressement. Pendant l'auguste cérémonie, le bon père éprouva une si
douce émotion, que les larmes inondèrent son
visage. « Je ne sais pourquoi je pleurais dans un
si beau jour, disait-il... Il me semble pourtant
que saint Paul en exprime exactement la cause,
lorsque, sous l'empire d'une douce et sainte émotion, il écrit aux fidèles de Corinthe : *Supera-*
bundo gaudio, je surabonde de joie (2). »

(1) C'est le nom consacré, dans l'enseignement mutuel,
pour désigner celui ou ceux des élèves plus avancés, chargés d'instruire les autres.

(2) II Cor. vii, 4. — L'excellent abbé Auboin est décédé,
le 22 mai 1879, curé de Sainte-Soulle.

A l'ordination générale de 1849, son neveu, Louis Soullard, était à son tour promu au sacerdoce (1).

« Il ne me sera pas permis d'y assister, écrivait le bon oncle quelques jours auparavant, mais le cœur y sera. Combien je serai heureux de te voir prêtre ! Je m'en réjouis d'avance : pour la gloire de Dieu, pour l'honneur de ta famille, pour le bien de ton âme, pour ma propre consolation. Je m'en réjouis aussi, parce que tu auras enfin la faculté de payer ta quote part de sacrifices et de zèle, en faveur de *notre œuvre!*

« Mais en attendant que tu quittes Pons pour Matha, mon plus cher désir est que tu retires tout le profit possible des fonctions que tu exerces dans une grande maison d'éducation.

« Le professorat est une excellente école pour apprendre à connaître les caractères, à se vaincre soi-même, à marcher *piano*, à ménager les esprits, à éviter les pas de clerc et les gaucheries, qui ont si souvent usé, en huit ou quinze jours, un homme solide d'ailleurs (2). »

Bien que les élèves qu'il avait placés dans cette

(1) Fils du onzième enfant de Mathurin Soullard et de Jeanne Liard.

(2) Lettre du 24 avril 1849.

maison chrétienne ne lui donnassent pas les mêmes espérances au point de vue de la vocation à l'état ecclésiastique, cependant il les embrassait tous dans une égale et commune affection, parce qu'avant tout il voyait en eux des cœurs à former à la vertu, des âmes à gagner à Jésus-Christ. C'est pourquoi, dans cette même lettre, il ajoutait : « Je te recommande *mes chers nourrissons* ; exhorte-les fortement à la piété. Le travail ne saurait faillir, si la vraie piété règne, et le travail joint à la piété ne peut manquer d'assurer le succès.

« D'ailleurs, quand ils ne devraient être, quelques-uns, que de bons chrétiens, quand ils ne devraient pas avoir le bonheur d'être prêtres, l'œuvre serait toujours belle. Tu sais que le Sauveur met bien au-dessus de ce que vaut l'univers, le prix d'une âme sauvée... » C'est de cette sublime façon qu'il appréciait le bienfait d'une éducation religieuse !

Un détail digne d'être mis en lumière, parce qu'il nous semble assez caractéristique, dénote le profond respect que lui inspirait le caractère sacerdotal. Jusqu'à ce jour, il avait tutoyé son neveu Louis. Il renonce désormais à cette familiarité de langage, comme il l'avait antérieurement fait à l'égard de ses autres élèves devenus prêtres ou religieux. Il en use de même avec son autre neveu, François, un troisième ordinand, qui recevait la prêtrise quelques mois plus tard (1).

En cette mémorable circonstance, l'évêque de la Rochelle l'invita à remplir l'office d'archidiacre. A l'issue de la cérémonie, le père du nouveau prêtre, « le cher René (2) », fut présenté à Mgr Villecourt. Aussitôt que le bon vieillard se trouva en présence de l'évêque, il se jeta à ses pieds, en lui demandant humblement sa bénédiction pour lui et pour tous les siens. Le prélat s'empressa de répondre à ses désirs, puis il lui tendit la main, le releva et lui dit : « Je suis heureux d'honorer le frère d'un des membres les plus distingués de mon clergé, et pour lequel je professe une estime particulière. Je tiens à lui en montrer la preuve. » Et en achevant ces mots, il donnait l'accolade fraternelle au digne Vendéen, qui se confondait en excuses de recevoir une telle marque de condescendance et de bonté.

L'œuvre de l'abbé Soullard manifestait donc sa

(1) Et avec ses nièces, petites-nièces, ou autres parentes religieuses.

(2) Il était le huitième enfant de Mathurin Soullard et de Jeanne Liard (Joseph Soullard était le neuvième).

fécondité. L'autorité diocésaine, pleine d'espérance à l'aspect de si consolants résultats, allait lui prêter son appui. Mais, hélas! de terribles difficultés devaient bientôt survenir et la ruiner une seconde fois!

CHAPITRE VII

1850-1869

CHAPITRE VII

1850-1869

M. Boudinet, supérieur de l'Institution de Pons,
plus tard évêque d'Amiens, proposa à Mgr Villecourt de seconder l'œuvre des vocations ecclésiastiques de l'abbé Soullard. Avec quelques légers
secours, elle pouvait se développer ; la maison de
Matha, qui comptait déjà vingt élèves, devenait

ainsi une pépinière de Pons. Avec l'agrément du prélat, il promit une somme annuelle de six cents francs, représentant les honoraires de deux professeurs, et l'abbé Louis fut envoyé près de son oncle à titre d'auxiliaire.

L'augmentation du personnel donna tout de suite du relief au petit établissement. A la rentrée des classes (octobre 1850), le nombre des élèves s'accrut de plus de moitié : il y eut dix-huit pensionnaires et vingt-cinq externes. Dès lors, de nouvelles dispositions domiciliaires s'imposaient. La modicité des ressources ne permettant pas de bâtir, l'on accommoda quelques dépendances aux besoins du moment. Un grenier fut converti en dortoir, et, d'une grange, on fit le réfectoire et la cuisine.

Sur ces entrefaites, la ville de Saint-Jean-d'Angély, qui avait vu péricliter son collège, pensa qu'un homme de valeur, comme l'abbé Soullard, placé à la tête de l'établissement, ne tarderait pas à y ramener la prospérité. L'on savait qu'il maintenait sa maison au prix de bien des sacrifices. D'autre part, tout le monde vantait, parents et enfants, le régime paternel de « la petite famille » ; l'esprit y était excellent.

Cette renommée de sage administration fit tenter une démarche près du supérieur, dans le but de lui faire accepter la direction du collège déchu. Mais les pourparlers furent sans résultat. Il se jugeait « bien petit » pour figurer à la suite des Dargenteuil et des Mareschal .. Aussi refusa-t-il sans délibérer.

L'on revint bientôt à la charge. Les instances furent si pressantes ; les conditions émises présentaient de tels avantages, en regard des difficultés nouvelles qu'il entrevoyait dans un prochain avenir, relativement au local de son petit séminaire, que l'offre lui parut mériter considération.

La ville assurait vingt mille francs d'installation, jouissance pendant vingt ans, et environ cinquante pensionnaires pour la première année.

Tout en conservant son titre curial, du moins temporairement, l'abbé Soullard devait prendre immédiatement possession du collège. Sa présence, dès le début, était regardée comme un gage de succès.

A ces propositions que lui avait communiquées l'abbé Louis, Mgr Villecourt avait tout d'abord répondu : « On nous a chassés une première fois, ne nous mettons point dans le cas d'être chassés de nouveau. » Cependant, après de plus amples explications, il autorisa l'abbé Soullard à s'occuper de cette affaire, avec toute la sagesse et toute la prudence qu'il lui connaissait. »

Saint-Jean-d'Angély fut dans la joie. Le conseil municipal retrancha, sur le coup, l'allocation annuellement accordée au principal du collège : tout semblait donc concourir à un heureux dénouement. Mais un obstacle allait survenir et faire échouer l'entreprise.

M. Courcelle, vicaire général, n'avait encore été informé de rien. Vu ses attaches exclusives pour Montlieu, on redoutait quelque entrave de sa part. L'abbé Vallé, aumônier des Bénédictines de Saint-Jean-d'Angély, fut chargé de lui soumettre le projet et de solliciter un avis favorable. Malgré toute la délicatesse, tout le tact, avec lesquels il s'acquitta de sa mission, il ne put obtenir le suffrage désiré. « Quoi donc ! s'écria le vicaire général, vous voulez relever Saint-Jean au détriment de Montlieu, qui nous a coûté tant de sacrifices ! Jamais je ne saurais y consentir ! Montlieu nous est trop cher ! »

Quelques jours après, une lettre de Mgr Villecourt, écrite de sa propre main, interdisait à l'abbé Soullard la poursuite des négociations.

Forcés de porter leurs vues ailleurs, les habitants de Saint-Jean-d'Angély s'adressèrent aux Pères Marianites, qui se rendirent à leurs vœux, et dirigèrent l'établissement, avec succès, jusqu'en 1882.

A cette époque, tous les cantons n'étaient pas encore érigés en doyennés. Ce n'est qu'en vertu d'un décret, en date du 29 décembre 1851, que le titre de doyen fut décerné au curé de Matha.

Cependant le petit séminaire, pour cause d'insuffisance, ne pouvait plus loger ses élèves. Il fallait nécessairement ou renoncer à la prospérité de la maison, ou entrer tout de suite en constructions. C'est à ce dernier parti que l'on s'arrêta.

Un immeuble contigu, du côté nord, ayant été mis en vente, on en fit l'acquisition. Des ouvriers se mirent immédiatement à l'œuvre, et l'on vit s'élever rapidement une aile perpendiculaire au premier corps de bâtiment.

La prudence eût dû conseiller de s'en tenir là, d'autant que le subside accordé par le supérieur de l'Institution de Pons n'avait été servi que deux ans. Mais le nombre des pensionnaires avait atteint cinquante. Cette seule considération fit passer outre : on décida l'érection d'une autre aile parallèle.

L'abbé Soullard était alors possesseur d'une

propriété, dont le rapport contribuait grandement à l'entretien de la petite communauté. On y récoltait une partie du froment et tout le vin nécessaire à la consommation. Le surplus des rétributions scolaires, fournies par les familles, pouvait donc être employé, dans la suite, à amortir les nouvelles dettes que l'on allait forcément contracter. Le curé de Matha espérait en outre que l'administration épiscopale, qui avait un instant encouragé ses efforts, lui prêterait de nouveau son concours. Son intention était d'ailleurs de tout abandonner au diocèse.

On commença les travaux au mois de mai 1854, avec une ardeur incroyable. L'abbé Soullard extrayait la pierre de la carrière, roulait la brouette, charriait les matériaux. Il aurait voulu faire plus encore. Les ouvriers, de leur côté, activèrent si bien la besogne, qu'au mois d'octobre suivant, tout était à peu près terminé. La rentrée fut très nombreuse, mais, sans avances pécuniaires, comment parer à toutes les éventualités, à toutes les exigences ? L'administration diocésaine fut vainement implorée : elle dénia impitoyablement son secours. Inquiète de Montlieu, elle sacrifia Matha.

Deux ans s'écoulèrent ; les difficultés s'accrurent. Les ouvriers réclamaient ; plusieurs traites avaient

même été protestées. Le bruit s'en répandit promptement dans le public. Les ennemis de la religion
étaient triomphants. « Le voilà donc engagé *dans
de mauvaises affaires*, disaient-ils, cet homme si
désintéressé, si intelligent et si sage ! » Et aux sarcasmes l'on joignait les propos les plus injustes.
On exagérait la dette, on parlait de faillite, on fei-
gnait de craindre pour les ouvriers honnêtes, qui
allaient inévitablement perdre le fruit de leurs
sueurs ; on les excitait à présenter les créances et
à poursuivre.

Or, Mgr Villecourt venait d'être nommé cardinal
et appelé à Rome. Mgr Landriot, qui lui avait succédé, ne pouvait ignorer longtemps la situation
critique du curé de Matha. Prévenu contre lui, de
toute façon, il le considéra comme un *aventurier*.
Dès la première entrevue, qui eut lieu à Saint-
Jean-d'Angély, il ne lui dissimula pas son sentiment. Interdit et troublé, le malheureux doyen
garda le silence. Ce n'était pas, en effet, le lieu de
s'expliquer. Il préféra, quelques jours après, se
rendre à la Rochelle. Avec beaucoup de peine, il
obtint une audience du prélat. Il pensait bien lui
offrir tout ce qu'il possédait et le supplier d'intervenir. Mais l'évêque refusa d'entrer en explication
avec lui, le traita de *banqueroutier*, et le congédia

brusquement. Il se retira, bien affligé, bien humilié, sans toutefois faire entendre la moindre parole de plainte ou de récrimination. Il porta ses angoisses et ses larmes au pied du tabernacle, se confiant uniquement dans la divine Providence.

La semaine suivante, un ecclésiastique du canton fut amené à l'évêché pour ses propres affaires. Mgr Landriot mit bientôt sur l'abbé Soullard le sujet de la conversation. Il parla de lui dans des termes extrêmement vifs; il le qualifia même de *mauvais prêtre*. Le curé se récria de surprise: « Monseigneur, c'est le plus vénérable prêtre de votre diocèse! Il a été imprudent, téméraire peut-être, c'est tout ce qu'on peut alléguer contre lui. Que Votre Grandeur veuille bien ne pas exclusivement s'en tenir aux dénonciations qui lui sont parvenues, et elle appréciera avec plus de justice ses qualités et ses hautes vertus. »

Ce vœu devait bientôt se réaliser. M. Gaboreau, vicaire général, avait toujours témoigné le plus cordial et fraternel intérêt à l'infortuné supérieur. Il employa tout son crédit à le réhabiliter dans l'esprit de son évêque. Après de sérieuses informations, le prélat, mieux renseigné, reconnut son erreur. Il manda près de lui celui qu'il avait naguère si durement éconduit, lui exprima ses regrets et l'assura de toute son estime.

Pour le dégager de ses embarras financiers, il eût fallu que l'administration épiscopale aliénât une notable partie des fonds destinés à Montlieu, ce qui ne paraissait guère possible. Elle opina qu'il serait plus opportun, pour arrêter le mal croissant (car les intérêts avaient déjà considérablement augmenté la dette), d'accélérer la ruine de la maison de Matha. L'on était à la fin de l'année scolaire 1859.

L'on éloigna donc de son oncle l'abbé Louis, sur qui pesait une partie des responsabilités. C'est à son instigation, disait-on, que les constructions avaient été entreprises. Force lui fut de se retirer à Thors, annexe de Mons, dont le titre lui fut dévolu. Mᵐᵉ Berthelot, la vertueuse sœur de l'abbé Soullard, qui, depuis plus de quarante ans, lui avait rendu les services les plus désintéressés, fut pareillement contrainte de quitter l'établissement, parce que la rumeur publique lui attribuait une partie des dettes de son frère. Cette double séparation fut cruelle, mais l'on s'y résigna courageusement.

Un des professeurs les plus distingués du petit séminaire, l'abbé Chaumeil, ne voulut pas délaisser, dans son malheur, le prêtre si douloureusement éprouvé et qu'il affectionnait profondément. Il resta près de lui plusieurs années encore, et fit preuve du plus généreux dévouement. Rendons aussi, en passant, un juste et légitime hommage à la sœur Sainte-Philomène (Mlle Bequet, supérieure du couvent, de 1842 à 1849), qui prit une part active et persévérante à toutes les œuvres du pieux doyen, et déploya, pour le sortir d'infortune, un zèle qui n'avait d'égale que sa reconnaissance.

Cependant, les vacances venaient de se clore, et les élèves se disposaient à retourner près du « bon père ». Bien qu'on fût dans la plus complète incertitude sur le sort de l'établissement, la rentrée se fit dans d'excellentes conditions. Assisté de son aide fidèle, le curé de Matha continua les classes : tout sembla reprendre vie; toutefois, après bien des atermoiements, il se décida à afficher la vente de ses biens, pour le mois de février 1860.

A cette nouvelle, un ecclésiastique du voisinage, l'intime confident de ses pensées (1), se transporta près de lui, pour lui exposer tout ce qu'il y avait de périlleux dans cette détermination. « Vous ne soupçonnez pas, mon cher et vieil ami, lui dit-il,

______

(1) L'abbé Hermantier.

le danger que vous courez en vous occupant vous-même de votre propre liquidation. Si l'on vous y a poussé, c'est un piège qu'on vous a tendu. Ignorez-vous donc comment opère la justice en pareille matière ? Les conséquences en sont toujours funestes pour les vendeurs, et ruineuses pour les créanciers, qui voient l'actif absorbé par les frais... A peine votre dessein sera-t-il connu du public, que l'on s'empressera infailliblement de vous présenter des créances de tous côtés. Vous ne serez pas en mesure de les acquitter ; alors, on fera des protêts, une saisie, et le reste... »

Le pauvre supérieur gardait le silence et les larmes coulaient de ses yeux. « Permettez-moi un conseil, reprit le sympathique confrère. Traitez avec un marchand de biens ; ce sera plus avantageux ; il n'y aura pas de frais inutiles, et vous serez à même de satisfaire aux plus pressantes obligations. Vous avez toujours entretenu avec MM. Albin et Alexis de Laâge d'amicales relations ; ils pourraient, en cette occasion, vous obliger grandement. »

Pénétré d'admiration à l'aspect de cette douce physionomie, sur laquelle se reflétait, comme un rayon céleste, une inaltérable sérénité, l'excellent prêtre ajouta : « Si j'ai cherché à vous alarmer sur

votre propre situation, c'est que, je vous l'avoue
en toute sincérité, en face de cette imperturbable
tranquillité d'esprit, que vous avez si invariablement conservée au milieu de vos peines, au point
de ne manifester jamais ni trouble, ni inquiétude
d'aucune sorte, je me suis demandé si vous vous
faisiez bien une juste idée de la gravité des circonstances ? »

« Ah ! mon ami, fit le saint homme avec un
long soupir, détrompez-vous ! J'éprouve parfois
bien du trouble, bien des perplexités... Mais un
quart d'heure passé devant le Saint-Sacrement
suffit pour ramener le calme dans mon âme. Le
divin Maître sait bien, après tout, que je n'ai travaillé que pour Lui ! Si un jour, trompé dans mes
espérances, j'ai encouru la malédiction des hommes,
du moins j'ai confiance qu'il ne me condamnera
pas, Lui !... Il n'ignore pas quelles intentions
m'ont guidé... et qu'en cette désastreuse entreprise, aussi bien qu'en tout ce que j'ai pu faire
dans le passé, je n'ai eu qu'un but : sa gloire et le
bien des âmes !... »

Le lendemain, il se rendit avec l'abbé Chaumeil
auprès de MM. Albin et Alexis de Laâge. Après
bien des hésitations, sur les instances réitérées
de Mme Sainte-Philomène, ils examinèrent sérieu-

sement l'affaire et finirent par prendre en pitié le sort de leur vénérable client. Ils procédèrent à la vente, pour leur propre compte ; mais les offres de prix ne purent être acceptées. Ils soldèrent cependant les principales créances qui s'élevaient à la somme d'environ trente mille francs et assurèrent le paiement des autres, dans un délai plus ou moins rapproché.

Il y avait sans doute un grand pas de fait ; mais l'abbé Soullard était en proie à une inquiétude d'une autre sorte. Le petit séminaire n'était pas vendu, et bien des gens en convoitaient l'acquisition, pour l'affecter à une destination étrangère : dépôt de fourrages, entrepôt de vins, hôtel pour les voyageurs. Il était même question, et ce bruit avait pris beaucoup de consistance, d'en faire une école protestante. C'était le comble de la désolation pour le fondateur.

Or, à Cressé, il connaissait de vieille date une bonne et pieuse dame, qui avait déjà pris part à quelques-unes de ses œuvres. Il lui confia ses craintes et l'incita à acheter l'établissement. Mᵐᵉ Mottau y consentit, mais elle ne pouvait disposer que de vingt mille francs. MM. Albin et Alexis de Laâge s'en dessaisirent pour ce prix, bien inférieur à sa valeur réelle. Ils le firent d'autant plus volontiers, que l'acquéreur avait promis à l'abbé Soullard de lui en laisser la jouissance, sa vie durant.

Il reprit donc courageusement son œuvre, bien restreinte désormais. Son premier soin fut de réduire le personnel. Un professeur de sciences, un instituteur pour les externes, un surveillant, capable, à l'occasion, de le suppléer pour les leçons de latin : c'en était assez pour le moment. Pendant six ans, il demeura encore à la peine, et Dieu permit que le succès couronnât ses efforts.

Pendant ce temps, guidé et puissamment soutenu par ses bienfaiteurs, il vendit partiellement, et à des prix assez rémunérateurs, sa petite propriété foncière, et parvint ainsi à désintéresser la majeure partie de ses créanciers.

Encore, si couvrir toutes ses dettes eût été le dernier souci de sa vie ! Mais il n'était pas à bout de tribulations ! Certes, ce ne sont pas les âmes vulgaires que Dieu éprouve de la sorte !

Un jeune clerc minoré, Jules Chaton, ancien élève de Matha, procureur pendant quelque temps à l'Institution de Pons, arrive un jour de Paris et vient solliciter Mᵐᵉ Mottau, à l'insu du doyen, de lui céder la maison. Il avait l'intention, disait-il, d'y établir un *collège libre* (1), avec M. Soullard pour *principal*.

Il ne possédait ni titre, ni science suffisante.

Nullement avantagé des biens de la fortune, il recourt à un ami d'enfance, qui lui avance, sur hypothèque, la somme nécessaire ; puis, l'acte passé, il en notifie la teneur au curé de Matha, le mettant, en outre, dans cette embarrassante alternative, ou de lui servir de mentor et de prête-nom, ou d'enlever tout de suite son mobilier.

Il protestait, du reste, de son profond respect pour le digne supérieur ; lui accordait la préséance en tout et pension franche, tant que durerait l'association. Il se réservait, quant à lui, le choix des professeurs, la direction des études et la comptabilité. L'on était alors au mois de mai ; il fallait se décider avant les vacances. L'abbé Soullard temporisa. Cependant, le jeune clerc parlait de l'association comme d'une affaire conclue. C'en était assez pour soulever dans le public mille critiques. L'autorité ecclésiastique, assez mal informée, écrivit bientôt une lettre de blâme au curé de Matha.

----

(1) Cette dénomination suffirait pour démontrer combien il était peu entendu sur la matière.

« L'association que vous me reprochez, répondit-il, a pu m'être proposée ; mais il n'y a eu de ma part aucune parole de prononcée sur ce sujet. Vous savez que j'ai tout vendu ; vous ignorez peut-être que je lutte encore avec des difficultés multiples pour satisfaire les personnes charitables qui m'ont sauvé dans ma détresse. Je me crois en droit de demander à mes supérieurs quelques mois de réflexion, afin de choisir le parti le plus favorable aux intérêts de mes créanciers et de mon honneur personnel. »

L'année scolaire terminée, le nouveau directeur annonce, de tous côtés, l'ouverture prochaine du *collège libre*. Il s'adjoint trois membres de sa famille, et, — à titre d'associé, — un ancien condisciple, récemment ordonné sous-diacre au séminaire des Missions étrangères.

Le jour de la rentrée, douze pensionnaires et une vingtaine d'externes se présentèrent Le résultat n'était point à la hauteur des espérances que l'on avait conçues, mais l'on se flatta de faire renaître bientôt la confiance au sein des familles et de parvenir ainsi à voir le nombre des élèves s'augmenter.

Les membres du clergé, qui connaissaient le directeur et l'associé, ne croyaient ni au succès, ni à la durée de l'entreprise. D'un côté, une intelligence plus que médiocre, mais non exempte de prétention; de l'autre, un esprit aventureux et plein de fatuité: deux personnalités, en un mot, sans aptitudes, sans expérience, sans talent, n'offraient guère de bien sérieuses garanties. Telle était l'appréciation générale; l'on ne tarda pas à s'apercevoir qu'elle était la plus juste expression de la vérité.

Dès les premiers jours, une rivalité jalouse, en matière d'autorité, s'éleva entre eux. Le directeur prétendait avoir la prééminence en toute occasion; l'associé, en vertu de son diplôme, affichait, à son égard, un droit de haute supériorité, et agissait en conséquence, s'arrogeant les principaux honneurs, commandant en maître, n'usant de ménagement pour personne, pas même pour M. Soullard, qui s'effaçait le plus possible, mais qui néanmoins ne fut pas longtemps à l'abri de ses railleries et de ses quolibets.

Ses airs hautains, son inconcevable pédanterie, le rendirent en peu de temps absolument impossible. Il était urgent de le congédier; mais la chose souffrait quelque difficulté. L'évêché, instruit de ce qui se passait, prit l'affaire en mains. La conduite, les relations extérieures, le genre de vie tout à fait laïque et mondain de l'un et de l'autre, firent craindre à l'administration ecclésiastique quelque issue scandaleuse. On intima donc un ordre formel au jeune sous-diacre, puisqu'il était engagé dans les ordres sacrés, de rentrer immédiatement dans un grand séminaire, et le port du vêtement ecclésiastique fut interdit en même temps au directeur, qui n'était que simple clerc.

La séparation devenait dès lors obligatoire. Toutefois, elle ne pouvait s'effectuer sans argent. Or, le directeur Chaton en était dépourvu, aussi bien que de crédit. Pour se procurer la somme nécessaire, il recourut au curé de sa paroisse natale, qui la lui prêta et fut quitte pour en perdre les deux tiers (1).

Privé de titulaire, et comprenant combien les services et l'autorité morale du curé de Matha lui étaient dès lors indispensables, il implora son secours, et celui-ci, espérant le diriger vers le bien, accepta les conditions qui lui avaient été proposées dès le début. Malheureusement, ce qui se projetait dans l'ombre allait le contraindre à retirer sa parole, et pleinement justifier les mesures sévères de l'évêché.

(1) L'abbé Hermantier, curé de Neuvicq.

L'ex-abbé, alors qu'il portait encore le froc, avait songé à s'allier à une famille du voisinage, croyant y trouver un appui et un soutien pour sa maison. Dès la rentrée scolaire de l'année 1868, il contracta un mariage aussi inopportun que ruineux pour ses finances, son école et sa santé. Ses parents se retirèrent et ceux de sa femme s'installèrent en leurs lieu et place. Dans ces conditions, il ne devait plus compter sur l'aide et la protection de l'abbé Soullard. Les choses n'en allèrent pas mieux. La confiance, très limitée déjà, qu'il rencontrait autour de lui, en ressentit un coup mortel. Accablé de chagrin et aigri par les déceptions, il vit la funeste maladie de poitrine dont il était atteint se développer rapidement et le conduire aux portes du tombeau. Il conjura le doyen de ne pas l'abandonner dans son infortune. Le pasteur compatissant se rendit à ses désirs. Il le consola dans son affliction, et le prépara à mourir saintement par la réception des sacrements. Enfin, le jour de Pâques, avant la messe, le moribond réclama une dernière absolution, et prononça ces dernières paroles : « Mon Dieu ! le beau jour pour mourir, que celui où Jésus-Christ est ressuscité. » Quelques instants après, il expirait (23 mars 1869).

Gardien pour la seconde fois de l'établissement,

l'abbé Soullard se chargea momentanément de la
direction des classes. Bien qu'une nouvelle vente
de l'établissement devint imminente, cependant il
nourrissait encore l'espoir de continuer son œuvre.
Dieu, qui sait, dans sa bonté, tempérer les amertumes de ses élus de quelques gouttes de consolation, ne semblait-il pas inspirer son fidèle serviteur? Les événements qui suivirent ne permettent
guère d'en douter.

CHAPITRE VIII

1869-1875

CHAPITRE VIII

1869-1875

Jubilé sacerdotal. — Mgr Thomas y préside. — Son affectueuse vénération pour le « vieil ami de Jésus ». — Il
achète l'établissement. — Nouvelle organisation. — Le
curé de Matha, chevalier de la Légion d'honneur. —
Guerre de 1870. — Dernier voyage en Vendée. — Etat
moral et religieux de la paroisse après la guerre. —
Retraite de l'abbé Soullard. — Aménité de son caractère.

Depuis deux ans, Mgr Thomas avait succédé à
Mgr Landriot (1). Rempli d'admiration pour cet
homme de Dieu, dont la vie si laborieuse et si
éprouvée offrait l'assemblage des plus remarquables vertus, il conçut pour lui une affectueuse
vénération et ne cessa de lui en donner la preuve
dans toutes les occasions.

Le 9 mai 1869, la paroisse de Matha célébrait le
jubilé sacerdotal, les « noces d'or » de son pasteur.

(1) Mgr Thomas, nommé à l'évêché de la Rochelle le
12 janvier et préconisé le 27 mars 1867, prit possession de
son diôcèse le 1er mai suivant.

Le prélat voulut rehausser de sa présence cette fête de famille. Quinze prêtres formés à son école se pressaient autour du maître vénéré.

Sur le seuil de l'église, il harangua son évêque avec une distinction et un abandon plein de charmes :

« Monseigneur,

« Je ne parlerai point ici de l'honneur que Votre Grandeur me fait de présider à cette fête. J'en éprouve assurément une grande joie, mais encore plus de confusion.

« Ce qui me plaît surtout dans cette circonstance si solennelle pour moi, c'est l'idée heureuse qui a déterminé Votre Grandeur à faire de la fête du pasteur, la fête de la paroisse.

« Et, en effet, Monseigneur, malgré l'amitié bien connue que vous portez à tous vos prêtres, le désir d'honorer l'un d'eux ne devait pas paraître aux yeux de votre sagesse un motif assez puissant pour enlever à vos fatigues apostoliques (1) quelques heures, que nous trouvons ici bien courtes, mais qui seraient si utilement employées ailleurs.

(1) Mgr Thomas était alors en visite pastorale.

« Mais la paroisse, oh ! Monseigneur, je le comprends, la paroisse est un mot qui va toujours droit à tout cœur d'évêque et en obtient toujours de grands sacrifices ; et, je le sais, Votre Grandeur s'en est exprimée, ma belle et chère paroisse de Matha occupe dans le vôtre une place particulière. Ses grands besoins et ceux de la contrée lui ont valu, sans doute, cette charitable prédilection ; elle en reçoit aujourd'hui une marque bien consolante.

« Veuillez, Monseigneur, malgré la fatigue qui vous accable, faire entendre à cette paroisse, dont vous voyez l'élite, cette parole épiscopale que l'on entend partout avec tant de respect, de bonheur et de fruit ; cette parole que vous savez présenter dans toute sa majestueuse noblesse, aux oreilles des savants, des grands de la terre, et dont vous tempérez ensuite le divin et puissant éclat, pour l'approprier, comme ici, à des auditeurs moins brillants, mais aussi avides de l'entendre, aussi désireux d'en bien profiter.

« Commencez, s'il vous plaît, Monseigneur, par bénir le pasteur qui se prosterne respectueusement à vos pieds, et ce peuple fidèle qui s'unit à lui dans sa confiance et dans son amour ! »

Touchante humilité, que celle de ce vénérable

prêtre, qui s'efforce de rapporter à son troupeau la cause des honneurs dont il est lui-même l'objet, et qui tombe à genoux devant son évêque pour solliciter sa bénédiction !

Ceux qui ont eu l'heureuse fortune de goûter l'éloquence magistrale du cardinal-archevêque de Rouen, devinent sans peine avec quelle exquise délicatesse il se plut, en cette circonstance, à rendre un éclatant et public hommage aux mérites, à la sainteté de ce *vieil ami de Jésus*, ainsi qu'il aimait à l'appeler.

Comme gage de sa paternelle affection, Mgr Thomas devait faire plus encore. Réjouir le cœur de ce pasteur exemplaire, abreuvé de tant d'amertumes pendant le cours de sa longue carrière sacerdotale, en ressuscitant l'œuvre agonisante qu'il avait fondée, était le but qu'il poursuivait en secret.

Depuis 1867, le petit séminaire de Matha ne figurait plus sur l'*Ordo* du diocèse. Il allait y reconquérir sa place. Six mois à peine s'étaient écoulés, que l'évêque de la Rochelle en faisait l'acquisition au tribunal de Saint-Jean-d'Angély. Placé sous le haut patronage de l'évêché, l'établissement recevait bientôt une organisation nouvelle.

L'abbé Soullard en ressentit une joie extrême.

Après avoir longtemps semé dans les larmes, il moissonnerait donc enfin dans l'allégresse ! Certes, il aurait alors bien volontiers, comme le saint vieillard Siméon, chanté son *Nunc dimittis*, si une dernière préoccupation ne lui eût fait désirer encore quelques jours de vie. « Il est juste, disait-il souvent, que mes bons créanciers ne perdent rien. Je leur dois satisfaction et reconnaissance. La grâce que je demande au bon Maître, avant de mourir, c'est d'arriver à totalement remplir mes obligations envers eux ! »

Ses élèves et quelques vieux amis s'étaient déjà cotisés et avaient déposé entre ses mains une somme de quatre mille francs ; mais ce n'était pas encore assez pour qu'il se libérât complètement de toutes ses dettes ; cependant, il eut la consolation d'en venir bientôt à bout.

Par un sentiment de délicatesse facile à comprendre, il craignit, de prime abord, que sa présence au milieu de nouveaux maîtres ne devînt une gêne ou un obstacle. Aussi, à l'exemple de saint Grégoire de Nazianze, désirait-il qu'on fît le sacrifice de son humble personne et qu'on l'éloignât (1). Mais l'administration épiscopale jugea,

---

(1) Qui illud prophetæ dictum usurpabat : « Dejicite me in mare, ut vos jactari desinatis. (Brev. rom., 9 maii.)

au contraire, que le nom, les mérites et les vertus du saint homme, seraient un signe de ralliement et un gage de succès. Elle lui conserva donc le titre de supérieur, tandis que les soins de la direction générale étaient confiés à un ecclésiastique sincèrement dévoué à l'éducation de la jeunesse : M. l'abbé Augeard, qui eut toujours pour lui les attentions les plus délicates.

D'autre part, sentant ses forces décliner, il aurait voulu se retirer dans un monastère pour y terminer ses jours dans la retraite et la méditation des choses du ciel. Sous l'empire de cette pensée, il écrivait à une petite-nièce de Vendée : « Tu demandes pour moi de longues années encore... Chère fille, Dieu m'en a donné déjà beaucoup, et en si grand nombre, qu'en vérité elles se montrent à mon âme comme un fardeau bien pesant de responsabilité. Me voilà à soixante-quatorze, je devrais dire à soixante-quinze ans... Raisonnablement, je dois m'attendre à paraître bientôt devant Lui...

« J'aurai à lui rendre compte de cinquante ans de prêtrise; je paraîtrai devant lui comme pasteur d'une grande paroisse, dont l'église est aux trois quarts vide les jours de dimanche, pendant que les ateliers retentissent du bruit des ouvriers, et les rues du roulement des voitures et des jurements des voituriers. Le soir, les pères de famille sont au café ; la jeunesse, filles et garçons, est au bal, pour *obéir* à leurs malheureuses mères, qui craindraient, en s'abstenant, de ne pas trouver à s'en défaire.

« Oh ! que ces tristes chrétiens pèsent lourdement sur l'âme d'un pauvre pasteur ! Il sait, il voit que son troupeau est dispersé et ravagé par les loups ! A-t-il fait tout ce qu'il devait faire pour ramener ce qui est égaré ?... Il craint que le souverain Berger, à qui rien n'est caché, ne lui fasse payer bien cher les brebis qui lui manquent !... »

Mgr Thomas, qui connaissait ses inquiétudes et ses désirs, l'aurait déchargé de ses fonctions pastorales, sans la guerre franco-allemande qui venait d'éclater (1870). Cependant « une vie si laborieuse et si bien remplie, consacrée tout entière à l'éducation de la jeunesse, à la défense de la vérité, à l'exercice du saint ministère pendant plus d'un demi-siècle, avait attiré l'attention du gouvernement. Par un décret, en date du 9 août 1870, signé de l'impératrice, l'abbé Soullard fut nommé chevalier de la Légion d'honneur. Tout le monde applaudit. Seul, l'humble prêtre protesta contre le choix qui avait été fait de sa personne, pour une si haute marque de distinction (1) ». Il en était confus, et il signait en écrivant à sa famille : « Pauvre chevalier de la Légion d'honneur (2) !... »

Qui dira les angoisses de son cœur pendant les tristes et lamentables événements qui suivirent ? Dans les malheurs de la France, il ne voyait que l'exécution de la justice de Dieu. Ses vœux, ses prières, ses mortifications n'avaient qu'un but, implorer la miséricorde pour son infortunée patrie !

A une bonne religieuse qui avait eu à souffrir des désastres de la guerre, il écrivait : « Que Jésus vous bénisse, ma chère fille, de cette fortifiante bénédiction qui disposait saint Paul à trouver sa joie dans les tribulations de toute sorte ! Voilà bien le moment de décharger le vaisseau et de jeter à la mer tout notre bagage de joies temporelles, de projets, d'espérances matérielles, et de fixer les yeux au ciel, pour y découvrir, malgré l'épaisseur des ombres, l'étoile qui doit nous conduire au port.

« Dissipons toute illusion. Nous ne sortirons

____

(1) Notice, p. 19.

(2) Cette lettre est du 2 janvier 1870. Le titre honorifique aurait donc été conféré antérieurement au 9 août.

point de la tourmente sans avoir avalé notre part d'amertume et de fiel. Élevons donc nos idées et nos volontés à la hauteur de l'autel du sacrifice, et puisqu'il a plu à Dieu de décider que nous ferions partie de la génération condamnée à subir ces fléaux, entrons courageusement dans l'esprit *d'expiation et d'abandon à l'ordre de la divine Providence*. Elle ne perdra jamais rien de son suprême domaine sur les hommes et sur les choses ; tout marchera dans la direction tracée par sa sagesse ; et par mille voies, tout aboutira au but marqué. Mais il faut, en attendant, nous accommoder des chagrins et des incertitudes du voyage.

« Les derniers vrais Hébreux, connus sous le nom de Macchabées, au milieu de leurs revers, *avaient pour consolation les Livres saints* et leurs grandes promesses. C'est à nous d'en faire autant. Nous lisons en saint Matthieu (1) et saint Marc (2) ces paroles extraordinaires : *Jésus, au jardin des Oliviers, commença à avoir peur, à s'ennuyer, et à se plonger dans la tristesse*. A mon avis, ces paroles, aussi vraies qu'elles sont mystérieuses,

____

(1) Matth. XXVI, 37.
(2) Marc. XIV, 33.

L'ABBÉ J. SOULLARD.   5**

sont une devise bien convenable aux temps présents.

« Mettons-nous bien respectueusement à genoux, à côté de ce Dieu *qui a peur. Ayons peur avec lui* de ce qui cause *sa peur* ; de ces énormités de langage et de conduite qui ont provoqué le courroux du ciel : négation de la Providence et de l'existence de Celui sans lequel rien ne peut exister, folies publiques, obscénités individuelles, qui en sont la conséquence et amènent à leur suite : châtiments, misères, dévastations, carnages !...

« L'ennui et la tristesse... ce n'est pas tant de voir de si belles, de si magnifiques choses, détruites sans retour... C'est de voir tant d'âmes égarées, que Jésus voulait sauver, perdues par leur incrédulité... O sauvage progrès, que celui qui engloutit tout principe de justice et de devoir, dans un chaos d'idées et de langage renouvelé de la tour de Babel ; écho satanique, pour mieux dire, de la confusion de l'enfer, où le désordre a son empire éternel...

« Ah ! *craignez* comme Jésus ! *gémissez* comme Jésus ! *Soyez triste* comme Jésus, et dites toujours : *Mon Père, que votre volonté soit faite* (1) !... »

____

(1) Lettre du 21 janvier 1871.

« Au mois de novembre 1872, il fit un dernier voyage dans sa chère Vendée, son pays natal, vers lequel sa pensée aimait souvent à se reporter. Ah ! comme le cœur de ce saint prêtre était brisé de douleur, en constatant, une fois de plus, que Notre-Seigneur, si aimé dans cette terre classique de la foi chrétienne, était délaissé dans sa paroisse (1) ! » — « J'ai fait mon joli voyage dans mon aimable Vendée... Dans toutes les paroisses que j'ai visitées, j'ai vu de belles églises neuves, surmontées de hautes et élégantes flèches, qui s'élèvent fièrement au-dessus des grands chênes et tranchent agréablement sur la verdure du Bocage. Elles sont là, sur le bord de ces grandes routes qui sillonnent cette contrée dans tous les sens, et semblent dire aux voyageurs dont elles attirent les regards : « Dites chez vous, qu'ici on aime Dieu comme un père et que ses enfants connaissent et ornent sa maison ! »

« Dans une de ces heureuses paroisses, M. le curé, voulant faire rebâtir son église, annonce une quête qu'il va faire à domicile. Dans ce but, il part le lundi de son presbytère, visite des villages, et revient avec trente-deux mille francs de recette.

(1) Notice, p. 30.

Dans une autre paroisse, une riche et noble famille prend tout sur elle, et offre tout à neuf à son curé, et son église, et son élégant presbytère... Voilà des gens qui savent faire valoir l'argent, et rendre à Dieu ce qui, bien véritablement, appartient à Dieu !

« Si l'extérieur des églises frappe agréablement les yeux de l'archéologue, l'intérieur plaît bien autrement à l'œil du chrétien, et surtout au cœur du prêtre ! Ce qu'il y a donc de beau, c'est que deux fois chaque dimanche, ces grandes églises se remplissent de pieux fidèles ! Dans toutes les paroisses, deux prêtres ; une première messe et une grand'messe. Les familles se partagent, et personne, ni enfants, ni parents, n'est sans messe le dimanche. Pas un homme ne travaille, ni artisan, ni laboureur ; communions nombreuses. Aux Herbiers, pour la Toussaint, de onze à douze cents ; pour Noël, comme à Pâques ! Et je n'aimerais pas ma Vendée!...

« Aimez-la, vous aussi, et priez Dieu de la conserver et de lui continuer ses actifs pasteurs, car tant de bien ne se fait pas sans travail. Aimez la Vendée et allez-y comme moi !

« Quand je vois, le dimanche, mes quinze ou vingt personnes à Marestay, mes cinquante ou soixante à Saint-Hérie de Matha, je les laisse là avec Jésus et leurs anges. J'appelle mon ange gardien, et sur ses ailes, je m'en vais assister à la messe aux Herbiers ! N'ai-je pas bien raison, puisque tout est à moi, pourvu que je sois bien tout à Jésus ? Que Jésus vous bénisse encore ! Je suis bien content de vous avoir dit tout cela (1) ! »

Quel douloureux contraste, en effet, pour une âme si passionnément désireuse de la gloire de Dieu, en regard de tout ce qui l'environnait !

Il n'ignorait pas qu'au sein de la famille se trouvaient le principe et la cause de cette mortelle indifférence pour les choses du salut, qui se perpétuait dans sa paroisse. Et c'est pourquoi le rêve de toute sa vie avait été d'y répandre le bienfait de l'éducation chrétienne. Ce n'est pas que l'enfant, au moment de la première communion, ne donnât au pasteur aucun signe d'espérance.

« Jésus est si bon pour les enfants, disait-il, il leur accorde tant de grâces pour compléter leur préparation au grand acte de la vie chrétienne, que les mauvaises premières communions sont rares, très rares même dans nos tristes con-

(1) Lettre du 29 novembre 1872.

5...

trées... Oui, je regarde comme assurées les bonnes premières communions ; mais, hélas ! ce qui est incertain, c'est d'en garder la grâce et de persévérer !... Pour des enfants qui ont des parents chrétiens, la persévérance est facile. Quand toute une famille, le père, la mère, les enfants partent ensemble de leur banc, pour s'accompagner à la table sainte, un beau jour de fête, la communion devient bien douce, et Jésus répète en bénissant la parole tombée de ses lèvres sur la famille de Zachée converti : « Aujourd'hui le salut est entré « dans cette maison. »

« Mais ces beaux et encourageants exemples sont faits pour les pays chrétiens ; on les voit rarement dans les nôtres. Aussi, des enfants vraiment pieux, et touchés au jour de leur première communion, ne tardent pas, faute de recommandation et d'appui, à se relâcher, et bientôt à tout abandonner : messe, église, sacrements (1)... »

« Et comment pourrait-il en être autrement dans notre Saintonge ignorante et incrédule, du moment que ces pauvres enfants se trouvent tout seuls pour défendre le trésor qui leur est confié?

____

(1) Lettre du 9 janvier.

Les parents ne les aident point ; ils ont perdu le leur et n'en connaissent plus le prix. Mal conseillés, nullement soutenus, égarés par le mauvais exemple, ils oublient bien vite leurs saintes promesses. Leurs conducteurs sont des aveugles, et ils vont bientôt tomber avec eux dans l'abîme de la triste et damnable insouciance...

« Pauvres petits, ils sont bons, et ils le seraient toujours si les parents comprenaient leurs devoirs et aidaient le prêtre... Mais, hélas ! ceux qui devraient les encourager sont souvent les premiers à les détourner... Aussi, que d'apostasies précoces et désolantes (1) !... »

Loin d'améliorer l'état moral de la paroisse, les maux et les funestes conséquences de la guerre ne firent au contraire qu'affaiblir le peu de foi que le pasteur s'était efforcé d'y conserver. Son cœur en était douloureusement oppressé ! « Mes tristesses sont bien grandes, car mes paroissiens s'éloignent de Dieu de plus en plus. Ceux mêmes qui étaient fidèles avant la guerre se sont laissé tromper par les mauvais journaux et la calomnie contre les prêtres. Ces pauvres gens sont entrés en défiance contre nous, et ils écoutent, comme

(1) Lettre du 12 janvier.

des amis, les incrédules qui les trompent, en cherchant à les effrayer. Oh ! qu'un pays qui a perdu la foi est triste et malheureux (1) ! »

« Oh ! si vous voyiez ces jeunes filles volages, en vêtements d'ouvrières jusqu'à midi, le dimanche, et sans messe, en grande toilette le soir, se réunissant en troupes et se donnant gaiment rendez-vous au bal, dans les cafés de second ordre, là où tout est permis !... Si vous voyiez ces jeunes gens, artisans ou cultivateurs, maîtres et domestiques, fiers et méprisants pour tous, et surtout pour le prêtre, le chapeau sur l'oreille, le cigare à la bouche, ricanant et chantant, particulièrement le soir, des saletés dégoûtantes ; si vous voyiez les parents aveuglés, permettre tout cela, y applaudir, le trouver charmant, vous comprendriez encore mieux de quelles hontes et de quels malheurs la sainte foi de Dieu préserve les heureux pays chrétiens !... Oh ! priez avec moi pour mes pauvres paroissiens qui me rendent si malheureux par leur abandon de Dieu !...

« Comme un prêtre qui voit cela tous les jours a le cœur serré !... Si ce prêtre connaît les

____

(1) Lettre du 12 janvier.

Épesses et sa grande église toujours pleine de pieux fidèles deux fois le dimanche, il doit se trouver bien heureux d'y envoyer aujourd'hui sa pauvre âme étouffée, pour y respirer un peu d'air rafraîchissant (1)... »

En face de son impuissance à ramener à Dieu ce peuple si éloigné de la religion, il désirait de plus en plus de se voir débarrasser du lourd fardeau du ministère sacré. Aussi, à l'exemple du saint pontife Amand (2), il priait instamment le divin Maître de lui donner un successeur capable de travailler efficacement au bien des âmes. Ses vœux furent enfin exaucés.

Mgr Thomas, qui voyait que, pour répondre aux besoins de cette vaste paroisse, il était opportun de pourvoir au remplacement de ce digne vétéran du sacerdoce, obtint pour lui du gouvernement (2 octobre 1874) une pension de retraite

____

(1) Lettre du 13 janvier 1873.

(2) Cum jam fractus laboribus solitas pro grege credito excubias agere operasque deinceps impendere non posset, ideoque et collabi in dies disciplinam moresque depravari cerneret, ad orationem, quæ commune illi erat perfugium se recepit, aliumque a Deo antistitem in suum locum substitui obnixe supplicans, cujus vigore et industriâ feliciter perficeretur, quod ipse frustra tentasset. (Brev. rom., 18 jun.)

de six cents francs, et il lui accorda un repos bien mérité dans sa chère maison de Matha.

La paroisse eut alors un nouveau pasteur (1). « Mes forces, écrivait-il à sa famille, ne me permettaient plus de continuer le ministère pastoral. Monseigneur m'a donné un successeur, jeune, fort, actif, zélé, plein d'expérience et fort bien accueilli de la population. Quant à moi, j'ai ma chambre et tout mon entretien au petit séminaire, où je me rends utile en gardant les études et le dortoir. Nous sommes six ecclésiastiques : quatre prêtres, un diacre et un sous-diacre, — trente-six pensionnaires et cinquante externes (2). »

Maître d'étude à quatre-vingts ans !... Il fallait un rare courage, je ne dirai pas pour se charger de cette tâche, mais pour y trouver du charme ! « Je me porte assez bien, mandait-il à un de ses anciens élèves, le 9 janvier 1875 ; je me porte assez bien pour un vieux mécanisme qui a fonctionné assez rudement et dont les engrenages tout usés ont de la peine à se rencontrer et à se communiquer l'impulsion. Rien ne s'arrête jusqu'à présent, d'autant mieux que mon emploi est

(1) M. l'abbé Barbreau, chanoine honoraire, supérieur du petit séminaire de Montlieu.

(2) Lettres du 14 janvier et du 15 février 1875.

de nature sédentaire. Trôner sur une chaire d'étude pendant six heures et demie chaque jour, depuis le lundi jusqu'au samedi de chaque semaine, est une manière de vivre bien paisiblement et de régner sans envieux cherchant à usurper. Je mourrai sur le trône. »

Charmante façon de juger ou de s'accommoder de tout ! Il savait d'ailleurs se plier avec une si parfaite bonne grâce aux exigences, aux besoins des personnes ou des circonstances ; il montrait en toute occasion une si admirable égalité d'humeur, qu'on aurait cru lui demander la chose qui lui fût le plus agréable, quand il s'agissait d'un réel sacrifice, pourvu toutefois qu'il n'y trouvât rien en contradiction avec sa conscience ou ses devoirs. En ce cas, c'était toujours avec un mot aimable qu'il exprimait son refus. Et le peuple, émerveillé de cette constante aménité de caractère, disait dans son langage naïf, mais singulièrement expressif : « Il a une *bonne religion*, celui-là ! Il *fait l'effet* d'un de ces bons saints du vieux temps ! »

Pour mieux apprécier la justesse de cet éloge populaire, arrêtons-nous à considérer les admirables vertus qui brillaient en lui et l'angélique piété qui en était le principe.

CHAPITRE IX

SES VERTUS

CHAPITRE IX

Vertus de l'abbé Souilard : bonté et charité. — Quelques traits de charité envers les pauvres. — L'œuvre des Dames de Matha en faveur des pauvres malades. — Il est nommé membre bienfaiteur de l'orphelinat de Douvaine. — Douceur et affabilité. — Réserve et charité dans les conversations. — Vie pénitente et mortifiée. — Humilité. — Admirable résignation dans les épreuves. — Dieu seul ! — A propos de la première fondation des missionnaires diocésains. — Innocence et virginité. — Coralie Phélizot.

Le fonds de cette nature privilégiée était la bonté. Si l'on a défini cette aimable qualité : la volonté constante de faire le bien et le soin de profiter de toutes les occasions de le faire, nous pouvons affirmer, sans témérité, que le pieux ministre de Dieu dont nous esquissons la vie, était dévoré de ce généreux désir. Le pauvre, c'était pour lui l'image de Jésus-Christ. C'est pourquoi, à l'exemple des saints, il se livrait particulièrement à la pratique des œuvres de miséricorde. Partout où il y avait une infortune à secourir, une larme à sécher, il apportait, avec l'aumône qui adoucit l'amertume de la privation, la bonne parole qui console, le rayon de l'espérance qui relève et fortifie.

Dès le début de son ministère à Dampierre, nous l'avons vu revêtir un jour, d'une partie de ses vêtements, *un membre souffrant de Jésus-Christ.* Malgré tous ses soins à cacher le bien qu'il faisait, ce n'est pas cependant l'unique exemple que nous connaissions de sa charité.

Pendant les jours de disette qui suivirent 1830, la misère était extrême dans tout le pays. On ne saurait dire de combien de familles il fut la providence. Quand, au déclin du jour, il rentrait à la maison, sa bourse était toujours vide. Et même quand il n'avait plus d'argent, il s'ingéniait à exercer la charité d'une autre façon.

Un soir, revenant d'une longue course, il passe devant la demeure isolée d'un pauvre ouvrier maçon, qui implore son assistance. Le manque de chaussure le réduisait à l'impossibilité de travailler pour gagner la vie de ses six enfants. « Ah ! mon ami, lui répond-il, je n'ai plus un sou… mais, tenez, je ne suis pas très éloigné de chez moi, prenez mes souliers ; j'en ai une autre paire. » Et malgré la résistance du solliciteur, il s'en retourne pieds nus.

Une autre fois, pour bander les plaies d'un vieillard infirme et dénué de tout, il se dépouille du linge de corps qu'il avait sur lui.

Quelque temps après, il est arrêté à la brune, dans un étroit sentier, par un paysan qui lui demande la bourse ou la vie. — « La bourse, elle est bien vide !... ma vie... elle ne vous enrichira guère !... — De l'argent ! il me faut de l'argent ! s'écrie l'agresseur. — Hélas ! soupire le bon prêtre, je ferai bien tout ce qui dépendra de moi pour vous venir en aide... Mais, quoi ? C'est vous, père de famille que j'ai connu si loyal, si honnête !... »

Le malheureux, comprenant qu'il était reconnu, lui avoue alors que, désespéré de voir sa femme malade et ses enfants affamés et sans pain, il s'est jeté dans cette voie criminelle. — « Conduisez-moi chez vous, » reprend le charitable pasteur ! Bientôt, il arrive à la porte de ces infortunés. Après leur avoir adressé quelques paroles de consolation : « Venez avec moi, dit-il au père, je ne vous abandonnerai pas dans une si profonde misère. » Arrivé au presbytère, il court à sa chambre, et dépose bientôt entre les mains de celui qu'il veut assister, le peu d'argent qui lui restait.

Sa générosité pour les pauvres le mit parfois

dans la gêne, mais il ne s'en inquiétait pas outre mesure. Persuadé que ce que l'on consacre à soulager l'indigence n'est qu'un prêt fait à Dieu, « il spéculait, disait-il, sur la divine Providence, qui ne reçoit jamais *à fonds perdus.* » Toutefois, pour éviter les abus qu'entraînent bien souvent les *dons en argent*, il préférait les *dons en nature*. C'est pourquoi son budget se grevait d'une foule de dépenses au profit de la portion la plus déshéritée de son troupeau : pain, boucherie pour les malades, bois, vêtements, loyers même. Aussi, au jour de ses obsèques, c'était un concert unanime de louanges, écho fidèle de la parole du prophète : *Dispersit dedit pauperibus; justitia ejus manet in sæculum sæculi...* « Il a répandu son bien dans le sein des pauvres ; le souvenir de sa sainteté vivra à jamais parmi nous (1) ! »

Mais il vint un temps où, faute de ressources, il ne put continuer ses largesses. C'est alors qu'il institua l'*OEuvre des dames de charité de Matha pour les pauvres malades*, modelée sur celle de Saint-Vincent-de-Paul. Cette œuvre qui vit encore, et dont les fruits de salut sont inappréciables, est placée sous la direction du curé de la paroisse.

(1) Psalm. CXI, 9.

« Elle se compose de la supérieure des sœurs, d'une présidente, d'une vice-présidente, d'une trésorière et d'une secrétaire générale ; *de dames visitantes*, et *de dames trésorières*. » Elle fut affiliée à la conférence de Paris, le 31 mai 1868, et approuvée par l'Ordinaire, le 27 mai de la même année.

Peu de temps après sa retraite, il s'intéressa vivement à une autre œuvre, aussi patriotique que chrétienne. Il s'agissait, dans les contrées protestantes , arrosées jadis des sueurs de saint François de Sales, de conserver dans le cœur de l'enfant la foi catholique, directement menacée. Grâce à des efforts surhumains, depuis un demi-siècle, l'on avait, pour remédier en partie à ce mal, ouvert à Genève des établissements aux jeunes filles privées de leurs parents. Mais rien n'avait encore été tenté en faveur des jeunes garçons. Or, en 1875, l'expulsion des sœurs de Charité qui surveillaient et entretenaient à leurs frais les orphelins, la plupart Français, l'impossibilité de les disséminer ailleurs, le péril imminent de les voir entrer dans des établissements protestants (1), ou de tomber dans les

(1) Il est avéré que l'orphelinat protestant de Genève renfermait alors trente-cinq garçons catholiques.

pièges du schisme, avaient fait naître la pensée de fonder sur la terre française limitrophe à la Suisse, à Douvaine, chef-lieu de canton de la Haute-Savoie, un orphelinat destiné à les recevoir.

Les sœurs de Charité, proscrites de Genève, en avaient pris la direction. Dieu bénit visiblement cette œuvre, qui devint bientôt prospère, grâce aux offrandes recueillies, surtout en France. Le 12 février 1877, l'abbé Soullard fut nommé membre bienfaiteur de cet orphelinat.

« Bon et saint prêtre, lit-on dans les Annales de l'Œuvre (1), *sa main droite ignorait les bienfaits que répandait sa main gauche*. Lorsqu'il adressait son aumône périodique, consistant en un billet de 100 ou de 200 francs : « Père, disait-il, voici un morceau de pain pour les petits enfants que vous arrachez à Hérode ou à l'Égypte. »

Dans sa pauvreté, car il ne possédait plus rien alors, il trouvait le moyen de faire encore l'aumône, afin de se créer des amis, comme le recommande le Sauveur, dans les tabernacles éternels (2).

____

(1) Année 1879, p. 96. — Le P. Joseph en était alors directeur.

(2) En 1878, Mgr Mermillod, chassé de son siège épiscopal, y séjourna quelques jours, et y conféra la confirmation.

En dehors des œuvres de charité, cette bonté se traduisait à l'égard de tous par une douceur admirable. Déférer, mais sans bassesse, aux sentiments des autres, supporter avec calme les contradictions, les injures même, paraissait être chez lui une disposition toute naturelle. Mais ce n'était là qu'une vertu acquise par une lutte continuelle, par un travail incessant sur lui-même. D'une humeur vive et prompte, c'est par une longue suite d'efforts qu'il était parvenu à posséder si admirablement son âme dans la patience.

Plein de cordialité à l'égard des confrères ou des amis qui venaient le visiter, il faisait les honneurs de sa maison avec une simplicité charmante. Près de lui, on se sentait chez soi. « Sa conversation, dénuée de toute prétention, était semée de traits heureux, d'anecdotes piquantes et de saillies spirituelles ; mais il dédaignait, avec raison, l'art facile et peu estimable de faire de l'esprit aux dépens d'autrui. Ses réparties et ses observations dénotaient toujours l'homme bien élevé et il évitait avec un soin scrupuleux tout ce qui eût pu causer le moindre chagrin (1). »

Autant il était sensible aux besoins du prochain,

____

(1) Notice, p. 36.

6*

autant il était rigide pour lui-même. Son austérité
était celle d'un ascète ; témoin la modeste ration
de pain sec et parfois les quelques morceaux de
sucre dont il se contentait tout un jour, durant ses
courses incessantes à travers sa vaste paroisse.
Quand, de retour le soir, il se mettait à table pour
prendre ce qu'il appelait son repas le plus confortable, et pendant lequel il fit longtemps la
classe, il ne touchait point aux mets qui avaient
été préparés pour les élèves. Quelques pommes
de terre cuites à l'eau, qu'il écrasait dans son
potage, lui suffisaient. Et pour qu'on ne soupçon-
nât pas qu'il faisait acte de mortification, en
agissant de la sorte, il accusait son estomac de
caprice ou de paresse. Il imitait ainsi la vie
pénitente des Pères Chartreux, chez lesquels il
était allé plusieurs fois faire sa retraite (1). Il
avait près de soixante-dix ans, quand il fut obligé
de renoncer en partie à ce régime.

En dehors des occupations du saint ministère
et de ses études sacrées ou profanes, il trouvait
encore du temps pour se livrer à des travaux manuels et châtier son corps. Et c'est ainsi qu'il
nous apparaît tour à tour, comme directeur des

____

(1) L'abbé Hermantier.

âmes, maçon, polémiste (1), sculpteur, carrier, versificateur (2), ou jardinier, aptitudes assez disparates, qui donnent à sa physionomie un cachet indéniable d'originalité.

A cet esprit de mortification corporelle se joignait un sentiment pratique de profonde humilité.

Pour montrer que cette âme prédestinée fit ses plus chères délices de cette vertu, il suffirait de rappeler les postes importants, les hautes fonctions qu'il refusa constamment. La simplicité de ses goûts était telle, que les honneurs lui paraissaient un bien lourd fardeau.

Invité, en 1847, à prêcher une retraite aux dames de Chavagnes, à Angoulême, il fut reçu par

(1) Outre les deux volumes de controverse dont nous avons parlé (ch. v-vi), il nous a laissé des *Réflexions critiques sur la Vie de Jésus*, par Renan ; plusieurs pièces récréatives destinées au convent de la Providence, plusieurs sermons, quelques manuscrits de conférences ecclésiastiques, et un certain nombre de lettres spirituelles, — recueillies après sa mort.

(2) Nous possédons de lui un certain nombre de pièces satiriques, entre autres, une longue épître à Renan, et une Paraphrase des Litanies de la sainte Vierge. Ce dernier ouvrage, plein de vers bien frappés, mais d'un rythme inégal (comme toutes ses autres pièces), brille surtout par les sentiments de tendre piété que l'on rencontre à chaque page.

Mgr Régnier, qui était allé le voir plusieurs fois à Matha, et qui tenait à fêter son hôte. Le prélat, les vicaires généraux et plusieurs prêtres de la ville épiscopale, convoqués à cette occasion, le comblèrent d'égards et d'amabilités. « Ils me mettaient tous, sans trop s'en douter, écrivait-il à ses élèves, dans une grande peine et dans un embarras des plus ennuyeux... Si jamais j'ai senti le poids des honneurs, c'est bien en cette circonstance... J'en étais navré... Ah! comme j'ai déploré, et comme je déplore, le sort de ceux qui sont ainsi obligés de vivre au milieu des grandeurs (1)!... »

Un jour, qu'on parlait devant lui des avantages qu'offre, pour faire le bien, une situation plus élevée, et qu'on faisait allusion à son propre désintéressement, il se mit à citer les vers du poète :

Les grands pins sont en butte aux coups de la tempête,
Et l'orage en fureur brise plutôt le faîte
Du palais de nos rois, que du toit des bergers... (2)

Et il ajoutait aimablement : « J'étais petit berger dans mon enfance; je le suis encore au ser-

___

(1) Lettre à ses élèves : Louis Soullard, Auboin et Marchives. — Il s'était rendu à pied de Matha à Angoulême : il avait parcouru 50 kilomètres, avant de commencer les exercices de la retraite.

(2) Racan. *La Retraite.*

vice du bon Dieu; mon humble condition me plaît et me suffit. » Il savait, et il enseignait d'ailleurs, que l'humilité est la sauvegarde de la vertu; qu'elle doit être toute la stratégie du prêtre contre l'enfer (1); qu'elle est la base de la sainteté, le secret de la résignation dans les peines ou dans les épreuves (2), et certes, il en donna d'admirables exemples lorsque, traité à l'égal d'un mauvais prêtre par son évêque, malheureusement prévenu contre lui, il ne fit entendre ni plainte, ni murmure, pas un mot capable de l'excuser ou de le justifier !

Et quelle scrupuleuse réserve sur ce sujet ! Quand la conversation tombait sur ses propres affaires, et qu'on le plaignait au milieu de ses difficultés et de ses déceptions : « C'est vrai, disait-il, j'ai de grandes peines; que voulez-vous ? Ce n'est la faute de personne. C'est une épreuve que le bon Dieu m'envoie; j'espère qu'il ne m'abandonnera pas tout à fait. Si j'avais été plus prudent, je me serais épargné cette affliction. » Et comme un jeune ecclésiastique paraissait blâmer l'adminis-

(1) Lettre du 31 décembre 1847.
(2) Quanto quis in se humilior fuerit, tanto erit pacatior. (*De Imit. Christi*, lib. I, cap. IV, num. 2.)

tration diocésaine, de ce qu'après avoir accepté et encouragé son œuvre, elle l'avait ensuite condamnée : « Non, non, répondit-il, ne récriminons pas contre nos supérieurs ! S'ils ont agi de la sorte envers moi, c'est que Dieu l'a permis pour mon bien, sans doute. Peut-être auraient-ils pu me secourir. S'ils ne l'ont pas fait, c'est qu'ils avaient des motifs qu'il ne nous appartient pas de discuter. » Et à l'exemple du saint homme Job, *il ne prononça dans ces tristes conjonctures aucune parole inconsidérée, capable d'offenser le Seigneur* (1).

Jamais il ne se départit de cet humble respect qu'il professait pour l'autorité, dont les décisions étaient à ses yeux l'expression de la volonté de Dieu.

Un prêtre de sa famille, l'ayant un jour consulté sur une importante détermination à prendre : « J'aime tous les miens, répondit-il, comme tous les autres ; mais je les aime pour le bon Dieu seulement. Je n'ai d'autres vues sur eux et pour eux, que celles qui s'accordent avec les desseins de la divine Providence. Aussi, toutes les fois que je

____

(1) In his omnibus non peccavit Job labiis suis, neque stultum quid contra Deum locutus est. (Job. I, 22.)

leur vois prendre un parti dicté par des intentions pieuses et surtout indiqué par l'organe des supérieurs, je m'en réjouis sans aucun retour sur ce qu'il peut m'en coûter de sacrifices ou de mécomptes. Ne vous arrêtez donc, en aucune façon, à la chair et au sang... »

Et pour mieux faire ressortir sa pensée; pour montrer qu'il est plus sage d'obéir humblement, que de préférer sa propre volonté, il ajoutait : « J'ai été, pour mon compte, invité une fois à faire partie des missionnaires de la Rochelle, à leur premier établissement. Le cœur me manqua au moment de quitter ma paroisse : peut-être est-ce à cette infidélité à la grâce que j'ai dû les traverses par lesquelles j'ai passé depuis ce temps, et que je tâche de prendre patiemment pour l'expiation de mes péchés. »

La maxime de l'homme intérieur : « Dieu seul! » était donc l'unique mobile de ses pensées et de ses actes. Ce n'était pas en vain qu'il l'inscrivait en tête de ses lettres.

Mais de toutes les vertus qui ont brillé en lui, « celle qui a jeté le plus vif éclat est la pureté du cœur. Cette âme virginale inspirait le plus profond respect. On était tenté de s'agenouiller à ses pieds. Il faut bien dire que cette vertu a un charme irrésistible : elle élève une âme au-dessus de la condition humaine et la place au rang sublime des anges. Vertu céleste et toute divine, elle est le partage des cœurs doux et humbles (1). »

Quand il s'exprime sur ce sujet, ses sentiments révèlent une si exquise délicatesse, que l'on est forcé de reconnaître que ce cœur ne vit plus de sa propre vie, mais de la vie de Jésus-Christ même (2), et que la bouche parle de l'abondance du cœur (3).

A une jeune personne qui avait voulu se donner à Dieu, et qui lui demandait conseil au milieu des obstacles qui s'opposaient à l'accomplissement de son pieux dessein, il écrivait les lignes suivantes :

« Ma chère fille, le cas où vous vous trouvez est fort embarrassant. Si, comme vous me l'écrivez, vous avez dit à Dieu, avec l'intention de vous obliger toute la vie, à la garder, *je fais vœu de virginité perpétuelle*, vous avez fait tout ce qu'il faut pour qu'il y ait réellement vœu de chasteté perpétuelle.

« J'envoie votre lettre à Monseigneur. L'autorité seule doit décider des cas si graves. Vous aurez une réponse certaine, et de plus, vous sau-

(1) *Bulletin religieux* du 14 mai 1881.
(2) Galat. II, 29.
(3) Matth. XII, 34. — Luc. VI, 45.

rez ce qu'il faut faire pour obtenir la dispense, si vos parents persistent dans leur refus de vous permettre d'entrer en religion.

« Vous me dites ensuite: *ferai-je bien de me faire dispenser de mon vœu?* C'est une affaire délicate: j'ai de la peine à y répondre.

« L'état de virginité est plus parfait, car celui qui l'embrasse avec une volonté bien déterminée, fait une œuvre très agréable à Dieu. Sa récompense dans le ciel sera plus grande; les vierges forment la cour de l'Agneau, le suivent partout où il va, chantent le divin cantique que les autres ne peuvent pas chanter (1); ce sont de sublimes prérogatives. Mais dans cette vie, pour rester toujours vierge, il ne faut jamais faire partie de la cour du démon, suivre constamment Jésus crucifié, chanter ses saints cantiques avec bonheur et joie, quoique le prophète royal ait dit : *Comment chanter les cantiques du Seigneur dans cette terre d'exil* (2)?

« Il est permis à ceux qui, s'étant engagés témérairement dans cette voie de perfection, ne peuvent pas y persévérer, d'obtenir une dispense.

(1) Apoc. xiv, 15.
(2) Ps. cxxxiv.

L'Église ne l'accorderait pas, cette dispense, si elle était un péché, ou s'il y avait péché à la demander. Vous êtes donc libre, vu la grande difficulté qui vous empêche de tenir votre promesse, d'en obtenir une dispense.

« Pour être chaste toute sa vie, il faut une volonté bien résolue de ne jamais consentir à aucune mauvaise pensée. Remarquez que je ne dis pas qu'il ne faut pas avoir de mauvaises pensées ; nous ne sommes pas maîtres de notre imagination. Mais je dis qu'il faut avoir la volonté de ne jamais consentir à aucune mauvaise pensée. Le consentement dépend de la volonté, et nous sommes toujours maîtres de notre volonté. La volonté fait le péché. C'est elle aussi qui ferme la porte au péché, en ne permettant pas aux mauvaises pensées de pénétrer dans notre cœur, lorsqu'elles viennent frapper notre imagination.

« C'est ce que les saints ont fait et ce que tout chrétien doit faire à l'égard de toute espèce de péché. Mais pour les vierges, c'est presque de rigueur. Quand on ouvre une porte, tout le monde peut y entrer. Si nous ouvrons la porte du cœur aux mauvaises pensées, elles viendront toutes l'assiéger, le dominer, et du consentement aux mauvaises pensées à la vie déréglée, il n'y a souvent qu'un pas.

« Consultez vos forces ; voyez ce que vous avez fait depuis quatre ans que vous avez pris votre engagement. Consultez votre confesseur ordinaire. Priez le bon Dieu, la sainte Vierge, votre ange gardien. Vous êtes libre de prendre votre temps ; vos parents ne vous parlent pas encore de mariage. Je ne vous dis pas : demandez dispense de votre vœu, je craindrais de me trouver en opposition avec la volonté de Dieu à votre égard ; je ne vous dis pas de ne pas la demander, j'agirais contre la liberté que l'Église vous accorde, en vous donnant dispense quand cela est utile à votre salut.

« Vous pourrez attendre quelque temps encore, avant de prendre une détermination définitive. Soyez fidèle à votre promesse, comme par le passé ; la grâce ne vous manquera pas. La vie retirée et pieuse que vous menez chez vous vaut bien la vie du monde, pleine de déceptions et d'ennuis. Les jeunes personnes qui fréquentent les bals et les plaisirs sont souvent plus en peine de leur temps que vous. Un jour passé dans l'innocence après une bonne et fervente communion, ne vaut-il pas mieux que la vie entière passée dans les plaisirs ?

« Vous recevrez donc dans la quinzaine la réponse de Monseigneur.

« On pourra trouver exagéré peut-être ce que je pose en principe : qu'il ne faut consentir à aucune mauvaise pensée. Cela peut être une spéculation, mais croyez-moi.

« Dans la pratique, ne raisonnons pas avec ce vilain serpent ; il nous mordrait bien vite, si nous l'écoutions. Vous n'êtes pas plus forte qu'Ève, et surtout, vous n'êtes pas dans le paradis terrestre, où le démon ne devait pas être si bien à l'aise qu'ici, dans ce monde qu'il appelle son règne. Veillez et priez, vous dit Jésus-Christ, et moi je vous le dis avec lui, en me recommandant à vos prières (1). »

Son zèle pour la maison de Dieu lui fit recruter un certain nombre de vocations religieuses, et c'était là un des souvenirs les plus consolants de sa vie.

Un jour qu'on dépréciait devant lui sa vaste et peu chrétienne paroisse, et qu'on la représentait comme un pays maudit : « Non, non, reprit-il vivement, Matha n'est point un pays maudit, puisqu'il en est sorti d'excellentes religieuses, de

(1) Lettre du 25 mai 1845.

saints prêtres, qui font le bien en vivant sous le joug de la virginité, et qu'ils marchent ainsi à la suite du bon Maître... »

C'est surtout en s'adressant aux jeunes Vendéennes de sa famille, qu'il donne libre carrière à ses sentiments de foi et de piété, pour les engager à conserver toujours sans tache la virginale beauté de leur âme.

« Oh! garde bien ce précieux trésor de ton âme, écrit-il à une jeune enfant. Jésus n'est pas venu pour s'en aller, mais pour rester avec toi, jusqu'au dernier jour de ta vie, et te donner la main pour entrer au ciel, quand le moment sera arrivé. Oh! si Jésus venait à te laisser, cette séparation serait ton ouvrage : ce serait le fruit du premier péché mortel qui séduirait ton cœur!... Oh! malheur! malheur! Non, non, il n'arrivera pas! Tu garderas l'innocence de ta première communion, plus facile à garder que celle du baptème, parce qu'on est plus instruit pour en comprendre le prix!

« Ah! dans mon bien-aimé Bocage, les parents ont la foi, et la foi leur enseigne que le Seigneur leur fait un devoir de ne pas dissiper la fortune de la famille, et la portion la plus riche et la plus enrichissante de cette fortune qu'ils administrent pour eux et pour leurs enfants : c'est la vertu, c'est l'innocence, c'est la sagesse et la sainte pureté... Tu seras donc bien aidée, pieuse enfant... Tu seras un modèle d'ordre et d'activité à la maison, un ange à l'église, aimant beaucoup la table sainte et prenant toujours la main de la Vierge Immaculée pour t'y présenter plus sûrement (1). »

Vers la fin de l'année 1869, il s'était produit à Matha un fait extraordinaire, qui avait eu dans toute la contrée un grand retentissement. Une jeune fille morte en 1853, dans les sentiments de la plus angélique piété, et enterrée près de l'église, venait d'être exhumée pour changement de sépulture ; le corps fut trouvé dans un état de conservation tout à fait insolite. Ceux qui l'avaient connue disaient que *c'était une petite sainte et que le bon Dieu avait voulu en donner la preuve*. L'abbé Soullard, qui avait été le guide spirituel de la jeune vierge, se plut à rendre témoignage de son innocence, et sut en tirer de sages conseils de direction.

Deux enfants de sa famille, lui ayant demandé quelques détails sur ce sujet, il se prêta bien volontiers à leur désir.

« Le vieux cimetière qui touchait à l'église

(1) Lettre du 3 mai 1871.

venait d'être interdit, et plusieurs familles faisaient transporter dans le nouveau les cendres de leurs défunts. Or, M. Phélizot avait, dans cet ancien cimetière, sa fille aînée, Coralie, et son gendre, enterrés l'un à côté de l'autre. La sépulture de la fille datait de dix-sept ans, et celle du gendre, de quinze ans. Les deux corps avaient été mis chacun dans un cercueil de zinc. On ouvrit donc les fosses. Celle du gendre se présentait la première... Le cercueil offrit peu de pesanteur. Mais quand on voulut retirer ensuite celui de la fille, on fut étonné d'éprouver la pesanteur ordinaire d'un corps qui vient de mourir et que l'on enterre ; et la comparaison que l'on faisait entre les deux cercueils, l'un si léger, l'autre si lourd, donna grandement à réfléchir. C'était le soir, à la nuit. Comme je devais dire la messe, le lendemain, pour la cérémonie du transport, je permis de déposer les deux cercueils dans l'église, et l'on convint de faire ouvrir, en présence de la famille, celui qui était le plus lourd, afin de s'assurer de l'état du corps qu'il renfermait. Cette opération se fit le matin, mais d'une manière bien incomplète, avec une précipitation et une légèreté que j'ai regrettées et que je regrette encore. On n'a dessoudé qu'un coin du cercueil. L'ouverture pratiquée laissait apercevoir à peine la tête et la poitrine, sans le reste du corps. On voyait la forme du visage, les mains jointes sur la poitrine, les grains du chapelet, mais tout cela recouvert d'un voile : la chair ne paraissait pas. Les vêtements étaient dans un état de moisissure qui ne permettait guère d'y toucher. On a refermé le cercueil et on l'a inhumé sans plus d'informations. Il y a toujours du merveilleux dans cet événement, s'il n'est pas miraculeux. Il a fait beaucoup de bruit dans tout le pays. Des médecins ont déclaré qu'il était au-dessus des lois ordinaires de la nature. Ce qui est bien certain, c'est que Mlle Coralie était pieuse comme un ange, et qu'elle est morte comme une sainte, avec grande résignation dans sa longue maladie de poitrine. »

Il avait même composé l'épitaphe de cette innocente et douce jeune fille, morte à l'âge de 23 ans, le 13 juin 1853.

La circonstance ne pouvait se montrer plus favorable pour exciter les deux enfants à garder toujours intacte l'innocence de leur cœur : « Oh ! qu'elle est heureuse, disait-il, l'âme chrétienne qui sait persévérer dans ce précieux état de grâce ! C'est la clef du paradis dans sa main. Gardez bien cette clef, chères petites filles, et si jamais elle venait à se rouiller tant soit peu entre vos mains, vous savez ce qu'il faudrait faire pour lui rendre son premier éclat ! »

Les deux enfants devaient plus tard se donner au Seigneur !

———

CHAPITRE X

SA PIÉTÉ

CHAPITRE X

SA PIÉTÉ

Piété de l'abbé Soullard. — Son amour pour la sainte Eucharistie. — Caractère général de ses lettres spirituelles. — Le voisinage du *bon ami Jésus*. — Le contrat divin entre Jésus et l'âme fidèle. — Dévotions : au Sacré-Cœur, — à la sainte Vierge, — à saint Joseph, — aux anges gardiens. — La mort d'un impie et la protection de l'ange gardien. — Les anges adorateurs du Saint-Sacrement. — Sainte Véronique.

C'est dans la sainte Eucharistie qu'il trouvait son inspiration et sa force. Inutile de chercher ailleurs le secret de sa résignation au milieu de ses chagrins domestiques, de sa charité pour les pauvres, de cet amour de Dieu et des âmes qui le consumait. C'est là qu'il puisait ces pensées, tour à tour sublimes et gracieuses, qui brillent jusque dans ses moindres écrits.

Rien ne saurait mieux nous montrer jusqu'où allait son attrait pour cet adorable sacrement, que ses *Lettres*, écrites simplement, sans apprêt, mais non sans talent ni sans art. « On pense involontairement, en les lisant, à celles que nous a laissées notre Marie-Eustelle, l'*Ange de l'Eucharistie*. Si la foi du prêtre semble plus éclairée, plus raisonnée que celle de la vierge chrétienne, sa piété n'en est pas moins tendre et moins expansive (1) ».

Une vénérable religieuse lui avait fait part du bonheur qu'elle éprouvait d'avoir pu enfin restaurer et embellir l'humble autel de sa communauté. Aussitôt son cœur se dilate et lui dicte cette suave et magnifique réponse : « Que Jésus, ma chère fille, vous bénisse du sein mystérieux de son tabernacle tout fraîchement renouvelé, hypothèque sacrée, fondée sur le contrat passé entre Jésus qui va mourir et sa sainte Église naissante, qu'il établit légataire universelle de tous ses droits et de tous ses biens. Épouse de Jésus, reconnaissante et fidèle, elle n'oublie pas, aux jours annuels des grands mystères, de reprendre ses inscriptions sur celui qui s'est fait volontairement son débiteur; elle n'a point de défiance ; il est avec elle jusqu'à la consommation des siècles ! Mais elle veut, par ce renouvellement solennel, témoigner à son riche testateur le prix bien compris qu'elle attache à tout don divin, et les grandes et indispensables res-

_____

(1) Notice, page 24.

sources qu'elle en retire pour sa propre conservation et pour le besoin de ses enfants.

« Qu'on imagine un homme vivant, sans poumons pour respirer, sans cœur pour lancer aux veines le sang vital, le rappeler à lui, le purifier, le vivifier, pour le lancer encore, afin de porter partout la chaleur et la vie, alors on pourra imaginer l'Église sans l'Eucharistie! Nos frères séparés l'ont tenté, ils n'ont fait qu'un cadavre ! Les incroyants français ont prétendu faire mieux en faisant davantage, car ils ont nié, avec la réalité de l'Eucharistie, la divinité même de son fondateur. Aussi, qu'ont-ils fait de notre France si forte quand elle vivait de l'Eucharistie ? Une société sans honneur, sans pudeur, sans conscience, sans mœurs, pourrie et répandant la corruption !

« Non, non ! l'homme ne peut vivre de pain seulement ; il lui faut la parole de Dieu pour rafraîchir ses poumons et y soutenir ses aspirations vers le ciel ; il lui faut l'Eucharistie, de peur qu'il ne subisse la défaillance, inhérente à sa pauvre nature, et inévitable s'il est privé du pain divin, qui seul, peut réparer les forces que la fatigue enlève au voyageur, à chaque pas qu'il fait pour poursuivre sa course.

« Donnons-nous donc tout entiers à la dévotion

pour la sainte Eucharistie. Les Juifs fidèles, pendant leur captivité à Babylone, cherchaient des yeux leur Jérusalem chérie, et ne pouvant, de si loin, l'atteindre du regard, ils se tournaient vers elle, pour lui envoyer du moins leurs soupirs et leurs cœurs. Oh ! quels élans !... Pour les chrétiens, pour les communautés surtout, comme le tabernacle est proche ! ... Avec quelle facilité l'exilé le trouve, quand il sait le chercher, et combien de force, de prudence, de lumière la foi peut y puiser ! Oh ! Samaritaine lassée, venez, venez, le puits mystérieux de Jacob est là. Jésus s'y repose, toujours prêt à donner à qui la lui demande l'eau purifiante, l'eau fortifiante qui mène à la vie éternelle. Sans doute, toutes les dévotions autorisées par la sainte Église sont dignes de respect, et fécondes en grâces réelles et abondantes, car partout où cette épouse de Jésus-Christ a placé sa parole, l'Esprit-Saint y a porté sa grâce sanctifiante. Comme elle aime, aujourd'hui plus que jamais, sous ses mille formes, la dévotion à la sainte Vierge, à saint Joseph, à saint Michel, et les autres ! Mais la dévotion à la sainte Eucharistie est le centre qui les réunit toutes, qui les vivifie toutes. La véritable fin de toutes ces précieuses dévotions, c'est la communion fréquente, c'est-à-dire la sainte Eucharistie, honorée et adorée, l'Eucharistie, le fondement de toute piété solide, et nous devons dire avec saint Paul, que personne ne peut poser un fondement solide, si ce n'est celui que Dieu a posé, c'est-à-dire le Christ Jésus. Allons, de loin, de près, saluez souvent le tabernacle, et demandez à Dieu que je fasse bien ce que je vous recommande (1). »

Vers la fin de l'année 1872, on exécutait au séminaire d'importantes réparations, qui obligèrent le pieux doyen à quitter momentanément sa chambre. Préférablement à tout autre lieu, il se réfugia dans une vaste pièce, servant de vestibule à la chapelle. C'est là qu'il transporta sa modeste table de travail. Un jeune professeur le rencontra vers le soir, seul et comme rencogné dans un angle. Il ne put retenir sa surprise et lui déclara combien il était péniblement affecté de voir un vieillard de cet âge ainsi relégué dans l'isolement, au fond d'un appartement immense, toujours ouvert, exposé au nord et sans feu... — « Mon ami, répondit-il avec un sourire aimable, ne blâmez que moi, et ne vous inquiétez pas tant de ma chétive personne. Je n'ai pas froid, je ne

____

(1) Lettre du 15 avril 1876.

souffre de rien et je suis très bien ici, mieux que partout ailleurs. Voyez-vous, j'y suis tout à mon aise, auprès du *bon ami Jésus*, dont cette cloison seule me sépare ! Je n'ai qu'un pas à faire pour aller le trouver, et puis je suis porté ainsi à penser davantage à lui !... » Ravissante réponse à laquelle le jeune professeur ne s'attendait point, mais dont il ne perdit jamais l'édifiant souvenir.

Heureux de ce voisinage du *bon ami Jésus*, il y fit bientôt allusion, en écrivant à ses proches. « Dans toutes les communautés, soit couvent, soit séminaire, il y a, grand ou petit, l'appartement du bon Dieu, tout près par conséquent de ceux des autres habitants. Oh ! quelle douce et agréable cohabitation que celle-là ! Pour moi, j'en suis très proche, je n'ai qu'à faire deux pas et j'entre chez Jésus, et Jésus me souffre chez lui et il me bénit ; bien plus, il bénit aussi ceux que je lui recommande (1)! » — « O aimable demeure où tout chrétien se sent bien chez lui, puisqu'il est là dans la maison vraiment paternelle ! Cher Jésus ! O chère prison ! Cher tabernacle ! Allons, mes enfants, allons visiter ce doux prisonnier qui reste là le jour et la nuit, et pour le plaisir de recevoir ses

____

(1) Lettres du 5 janvier 1873 et du 5 novembre 1876.

enfants un quart d'heure, dix minutes, moins encore, pendant lesquelles il permet à chacun de lui raconter cœur à cœur ses peines, ses joies, ses craintes, ses espérances, sa confiance, son amour et tout ce qu'il plaît à l'âme aimante de lui confier ! Et le divin prisonnier écoute... écoute patiemment, écoute sans se lasser (1)... »

Ne dirait-on pas un délicieux écho de cette parole tombée des lèvres du Sauveur : *Là où est votre trésor, là est aussi votre cœur* (2) ? L'autel était bien pour lui *cette fontaine de délices*, dont parle le livre de l'*Imitation*, à laquelle on ne puise jamais sans ressentir quelques douceurs ; ce *foyer ardent* dont on ne saurait approcher sans en ressentir la chaleur (3). Et comme il s'efforçait de suggérer aux autres les sentiments dont il était animé !...

De toutes les pages charmantes qu'il a écrites sur ce délicieux sujet, une des plus onctueusement dictées par le cœur est adressée à une petite-nièce de Vendée, sur le point de faire sa première communion.

(1) Lettre du 15 février 1875.
(2) Matth. iv, 21.
(3) *De Imit. Christi*, lib. VI, ch. iv, num. 3.

« C'est donc toi, ma petite Augustine, qui es cette année en faveur particulière auprès de Dieu, comme représentante de toute une nombreuse famille au grand festin du Roi Jésus !...

« Toute petite enfant que tu es, les hommes n'auraient point assez de confiance en toi, pour passer avec toi, devant notaire, un acte relatif à des intérêts temporels. Jésus, le saint ami des enfants, a pour toi bien plus d'estime. Il n'a point peur de risquer avec toi ses immenses trésors de grâces pour le temps de la vie, et de bonheur pour l'éternité. C'est à la table sainte, devant l'autel, qu'il te donne rendez-vous pour passer le contrat.

« Parée de tes vêtements blancs, blancs comme la neige, avec ton âme plus blanche encore, tu partiras de ton village. En te voyant passer, tout bon chrétien te bénira. Modeste et recueillie, joyeuse et attentive, tu te présenteras au saint lieu. Jésus, *l'ami Jésus*, s'y trouvera rendu d'avance, car c'est toujours lui qui convie et qui attend. Il est donc prêt de son côté. Ses témoins d'honneur sont : sa Mère Immaculée, saint Joseph, son gardien d'enfance et toujours son ami, ses anges choisis, adorateurs de la sainte Eucharistie, le ciel tout entier... Et, de ton côté, qui prendras-tu pour les tiens ? Je t'indique ton bon ange ; je t'indique saint Augustin, ton patron, auquel tu demanderas de mettre dans ton cœur son grand et tendre amour pour Jésus ; tu peux prendre tes pieuses sœurs assistées de leurs anges gardiens ; je t'offre aussi le mien : il est si bon, si complaisant, mon ange !

« Allons, voilà que tout est prêt ; tout le monde est rendu, les contractants sont en présence : d'une part, le Roi immortel des siècles ; de l'autre, cette petite fille bien modeste, bien timide, que le monde connaît et qui s'appelle Augustine ! C'est au grand Roi de parler le premier, car c'est lui qui *invite* ! Il dit donc à haute voix, pour que chacun l'entende : « Petite enfant, que j'aime, je suis « le doux Agneau de Dieu, sacrifié sur le Calvaire, « pour effacer les péchés du monde. Et maintenant, « je te donne pour aujourd'hui, pour l'avenir, pour « chaque jour, quand tu voudras, mon corps res- « suscité, mon sang, mon âme aimante, ma divinité « éternelle et triomphante, et je signe de mon « sang : Jésus ✝... ! »

L'enfant répond : « Tout aimable Jésus, oh ! je « n'étais pas digne d'une si grande faveur ! mais « vous avez parlé... J'accepte tous ces dons divins, « et je promets reconnaissance et fidélité jusqu'à la

« mort. Je signe aussi l'heureux contrat, et je l'ar-
« rose de mes larmes d'amour et de bonheur…
« Augustine ! »

« Puis, c'est la grande voix des anges qui re-
tentit dans le ciel : « Que l'on recueille ce contrat
« solennel, qu'on le conserve précieusement ! S'il
« est sans tache, sans déchirure, un jour, nous le
« recevrons comme carte d'entrée à la porte du
« paradis… (1) »

Est-il besoin de faire remarquer qu'il avait près
de 82 ans quand il écrivait ces lignes si pleines
de grâce, de fraîcheur, de tendre piété !… Certes,
malgré les glaces de l'âge, son esprit et son cœur
étaient encore bien ardents !…

L'alliance de l'humble enfant avec le divin
Maître devait recevoir bientôt une ratification suprême, indéfectible ! Quelques mois plus tard, elle
s'envolait au ciel !

Sa dévotion au Sacré-Cœur n'était pas moins
admirable : elle était inséparable de l'auguste sacrement de l'Eucharistie. Presque toutes ses
lettres portent en tête : *Tout au Sacré Cœur, et
pour le Sacré Cœur de Jésus !*

A l'occasion de son anniversaire, nous lisons à

_____

(1) Lettre du 29 janvier 1877.

la date du 2 avril 1878 : « Jour de ma naissance à la vie de misère et à la vie de la grâce par le baptême... Que ne puis-je dire que ces 83 ans finis, aient été toujours pour le Sacré Cœur de Jésus ! »

L'auguste Mère du Sauveur était pour lui l'objet d'un culte tout particulier. Quand il allait voir ses malades, quand il se rendait du petit séminaire, au couvent ou à l'église, on l'eût vu, les bras croisés, les yeux modestement baissés, égrenant pieusement le chapelet qu'il dissimulait aux regards, utilisant ainsi ses moindres instants.

Un ecclésiastique ayant rapporté du pèlerinage de Paray-le-Monial plusieurs chapelets de Notre-Dame du Sacré-Cœur, eut la pensée d'en offrir un au saint homme. Il l'accepta avec de vifs sentiments de reconnaissance. « Je dis souvent ce chapelet, et j'y tiens ! Il est si beau ! Notre-Dame du Sacré-Cœur, quel beau titre de noblesse ! Les fiers châtelains d'autrefois se signaient : Duc de... Comte de... Marquis de... Baron de... Puis suivait le nom d'un petit château, d'un petit domaine oublié maintenant. Vanité !... Notre-Dame du Sacré-Cœur, noblesse aimable ! Elle durera toujours. Le domaine qui lui sert d'assise est riche, bien acquis, bien posé. Le Cœur de Jésus est connu ; le Cœur de Jésus est un domaine vivant dans les

siècles. Gloire donc à Notre-Dame du Sacré-Cœur !
J'ai le temps de dire deux chapelets chaque matin en allant à l'église célébrer la sainte messe ;
j'en dis deux en revenant ; j'en dis un en remontant à notre chapelle du séminaire ; un autre, en
descendant ; un autre, en allant prendre ma
brouette ; un autre, en laissant le chantier (1) ;
puis, quand je remonte à la chapelle et que je re-
descends. Ce qui me fait plaisir, c'est que la
brièveté des invocations donne la facilité de n'avoir
que très peu de distractions. Vive donc le petit
chapelet du Sacré-Cœur (2) ! »

Il avait une telle confiance dans la sainte Vierge,
qu'il ne désespérait jamais d'obtenir ce qu'il sol-
licitait de sa bonté. Au milieu des plus grands
chagrins il disait : « Je ne sais quand il plaira à
Dieu de m'en délivrer, mais j'espère qu'à la fin tout
ira pour le mieux, car la sainte Vierge est là
pour un coup ! »

Pendant les jours mauvais de 1830, — c'était
un souvenir qu'il rappela plus d'une fois, — il
ressentit visiblement l'effet de sa puissante protection, quand, passant et repassant à peu de dis-

____

(1) Allusion à ses travaux manuels.
(2) Lettre du 22 mars 1877.

tance de ses ennemis qui le fusillaient et le brûlaient en effigie (v. ch. III), il ne fut nullement aperçu d'eux !

Aussi, tout ce qui pouvait faire aimer et bénir le saint nom de Marie, il l'encourageait de tous ses efforts. « Oh ! chère enfant de Marie, écrivait-il à une jeune fille de sa famille, que j'ai été content de voir ton nom enrichi de ce beau titre ! Souviens-toi toujours du jour où il te fut donné, et sache l'honorer par ta modestie, ta piété, ta dévotion pour Jésus dans l'hostie, ta bonté pour tes sœurs, ta complaisance pour tes bons parents.

« Aime beaucoup l'heureuse société des enfants de Marie; sois zélée pour les réunions et l'observation joyeuse et fidèle du règlement, qui en fera les charmes et la solidité, s'il est bien suivi. Travaille de ton mieux à étendre l'association, mais ne donne ta voix qu'à des sujets connues et sûres; les soldats douteux désorganisent les bataillons... Chère enfant de Marie, dis à ta Mère un bon *Ave* pour moi (1). »

Il avait mis son petit séminaire sous l'égide tutélaire de son glorieux patron, saint Joseph. Il voulait ainsi que, par sa puissante médiation, prières,

____

(1) Lettre du 8 janvier 1872.

jeux, travaux, fussent présentés au divin Maître. Comme la séraphique Thérèse de Jésus, qui déclarait n'avoir jamais demandé quelque grâce au bienheureux Patriarche sans l'avoir obtenue, il l'honorait et l'invoquait chaque jour, avec ferveur, pour lui et pour sa chère maison.

Abordait-il un moribond rebelle à ses sollicitations, il implorait en sa faveur l'intervention de celui que l'Église offre aux fidèles comme patron de la bonne mort, et il était bien rare que la brebis égarée repoussât les suprêmes consolations de la religion.

« Ceux qui ont la maladresse de se plaindre de saint Joseph, écrivait-il à un ami, ont bien grand tort et ne le connaissent guère. Le bon saint ne s'en étonne pas; il connaît des saints, plus saints que lui encore, qui voient aussi des mécontents, pour ne pas dire des blasphémateurs... Et d'ailleurs, il en a été de même de la Vierge Immaculée et du divin Jésus! Ne vous troublez pas de ces vaines plaintes ou de ces injurieux discours. Celui qui avait autorité sur le Cœur de Jésus, n'en perdra pas pour cela son crédit... Si l'on vient encore à attaquer devant vous ce fidèle ami de Dieu, prenez chaudement sa défense, comme vous l'avez fait. Il n'en a pas besoin, sans doute, mais c'est justice... ce sera un titre de plus à sa paternelle protection (1). »

« La dévotion aux saints anges, dit-il ailleurs, est aussi une de mes dévotions chéries. La sainte Écriture nous parle si souvent de ces esprits célestes, qu'il est bien clair que la volonté de Dieu est que nous ayons souvent recours à leur bonne et puissante charité pour nous. Il ne se passe point de jour que je ne leur demande leur secours pour moi, pour nos jeunes élèves, pour toutes les maisons où l'on élève la jeunesse; et je ne doute point que la docilité des enfants et le dévouement des maîtres et des maîtresses, ne soient l'effet de cette bienveillante assistance qu'ils accordent en même temps aux grands et aux petits, parce que tous en ont bien besoin (2). »

Dans une autre circonstance, il invite son ange gardien à l'accompagner dans « la joyeuse visite » qu'il fait, d'esprit et de cœur, au sein de sa famille, pour donner ses plus affectueux conseils à une jeune communiante. « Je pense qu'il prendra plaisir à écouter le récit que lui fera le tien de tous les soins invisibles, mais bien réels, qu'il s'est donnés pour

(1) Lettre du 24 juin 1875.
(2) Lettre du 4 janvier 1876.

t'aider à te préparer dignement à cette heureuse et sainte communion; car il est bien certain que nos anges nous aident, qu'ils nous aiment, qu'ils s'aiment entre eux et s'entendent pour nous faire du bien... Pense donc bien souvent à ton ange gardien; c'est une dévotion facile et avantageuse. Tobie s'en est bien trouvé dans son long voyage: c'est un exemple à se rappeler (1). »

Il revient d'ailleurs fréquemment sur ce sujet, et exhorte avec insistance à cette pieuse pratique les religieuses chargées d'instruire ou de surveiller les enfants.

Dans les derniers mois de l'année 1838, il échappa comme par miracle à un accident survenu dans des circonstances bien étranges.

Un voltairien de haute marque venait de mourir, après avoir résisté aux instantes supplications de sa famille, qui s'efforçait de le ramener à Dieu. Il avait même défendu, dans un moment de colère, qu'on lui fît des obsèques religieuses. « Si le prêtre assiste à ma sépulture, avait-il dit, je veux que la cloche tombe et l'écrase! » Ses parents, ne tenant aucun compte de cette sauvage imprécation, le firent néanmoins enterrer chrétiennement. La

____

(1) Lettre du 24 mai 1875.

cérémonie avait lieu à Marestay. Or, au moment où l'abbé Soullard et son chantre mettent le pied sur le seuil de l'église, le sonneur en train d'exercer son emploi, et ignorant absolument les paroles de l'impie moribond, s'écrie tout à coup: « Gare! la cloche s'en va! » Il n'a pas le temps d'achever ces mots que la cloche tombe aux pieds du curé et de son acolyte, et se brise. Le public, sachant ce qui s'était passé, fut vivement impressionné de cet événement, et il n'hésita pas à en attribuer la cause à une intervention diabolique. Aux yeux des incrédules même la coïncidence parut singulièrement étonnante. Quant à l'excellent pasteur, il ne raconta jamais le fait sans se montrer convaincu qu'il devait à la protection de son ange gardien d'avoir été préservé du danger. Ajoutons que la cloche qui sert actuellement au culte est celle qui fut fondue quelques mois plus tard, avec les débris de la première. Elle porte, avec le nom de l'abbé Soullard, la date de 1839.

« Outre les anges gardiens il y a, disait-il encore, une autre classe d'anges que j'aime aussi beaucoup. Ce sont les *anges adorateurs* du Saint-Sacrement. Dieu leur donne un poste bien honorable et bien joyeux! Comme les chrétiens comprennent très peu la grande bonté de Jésus-Christ demeurant, jour et nuit, dans nos saints tabernacles, il veut que ces anges restent auprès des saints autels, pour lui tenir compagnie et l'adorer. Si quelque âme chrétienne s'accoutume à penser à ces anges en entrant à l'église, et à porter son premier regard sur le tabernacle qu'ils environnent, ils lui obtiendront aisément la grâce d'un grand respect pour le lieu saint.

« Oh! quel admirable et consolant mystère! Jésus est là!... les anges sont là!... nous voilà donc avec Dieu et au milieu de ses anges!... Dieu leur fait cet honneur, que nous pouvons partager avec eux, de les garder près de lui, et c'est là un commencement de l'adoration perpétuelle, de l'adoration éternelle (1)!.. »

Il était également pénétré pour sainte Véronique d'une profonde admiration et d'une confiance toute particulière. « J'ai beaucoup d'amour pour cette compatissante et courageuse sainte, car j'espère qu'après avoir essuyé le visage de Jésus outragé de crachats et couvert de poussière, de sueur et de sang, elle m'aidera à rendre mon âme, défigurée par un grand nombre de misères et d'imperfections, plus digne de reproduire les traits de Jésus crucifié.

____

(1) Lettre du 14 janvier 1875.

« En faisant de temps à autre, dans ma pauvre église déserte, tout seul avec Jésus-Christ seul, le Chemin de la croix, je me suis senti toujours ému, en considérant cette humble femme qui s'avance au milieu des soldats et des farouches ennemis du Sauveur. Tendre agneau au milieu des loups!... des loups furieux, qui cependant la laissent s'approcher du divin Maître. Et Jésus qui la protège, reçoit tout à loisir le pieux service qu'elle s'apprête à lui rendre.

« Qui pourrait s'imaginer la douloureuse et sainte joie qui inonda son cœur, quand sa main tremblante toucha le visage de Jésus! Le miracle qu'il fit à l'instant prouve assez le plaisir que Jésus en ressentit. O céleste charité, puisses-tu nous inspirer assez de zèle et de générosité pour purifier de plus en plus notre âme, et assez de courage et de dévouement pour retirer du péché les âmes égarées (1). »

Tels étaient les sentiments de tendre dévotion du pieux serviteur de Dieu. Ils révèlent le secret de ces rares et admirables qualités qui le distinguaient ; car, ainsi que l'a dit l'aimable saint François de Sales: « Si la vertu est une plante, la piété en est

____

(1) Lettre du 10 janvier 1869.

la fleur; si elle est une pierre précieuse, la piété
en est l'éclat; si elle est un baume, la piété en est
le parfum! »

Encore quelques années, et il allait en recevoir
l'inestimable récompense de la main de Dieu
même. Ses vœux, ses aspirations, ses soupirs, ten-
daient vers ce but suprême. Il pouvait dire en effet,
comme l'Apôtre des nations: « Ce n'est point en
vain que j'ai travaillé et que j'ai souffert (1)! »
« Je sais qui est celui à qui j'ai confié ce trésor de
travaux et de souffrances, et je suis assuré qu'il
peut me le conserver intact pour le grand
jour (2) ! »

(1) Philip. ii, 16.
(2) II ad Tim. i, 12.

CHAPITRE XI

1875-1879

CHAPITRE XI

1875-1879

Pendant trois ans, il put encore remplir les fonctions de maître d'étude et surveiller le dortoir.

En 1877, après les fêtes de Pâques, Mgr Thomas fit sa tournée pastorale dans le canton. Il invita l'abbé Soullard à l'accompagner dans une de ses visites, à une paroisse des environs de Matha, où plusieurs autres paroisses avaient été convoquées pour la cérémonie de la confirmation. L'office terminé, on vit accourir auprès du vieillard une foule considérable de fidèles. Les pères et les mères qu'il avait baptisés, préparés à la première communion ou unis par les liens du mariage, tous ceux qu¡

l'avaient connu, voulaient recevoir un mot de sa bouche. On rappelait mille circonstances du vieux temps, et à l'aspect de cette douce figure, souriant à tous comme autrefois, on éprouvait je ne sais quel charme familial, qui rappelait la joie des enfants longtemps séparés d'un père tendrement aimé. Il n'y avait pas si grand empressement autour de l'évêque.

Le soir, devant tout le personnel du séminaire, le prélat se plut à faire ressortir ce détail, et à montrer quel souvenir affectueux, ce peuple, malgré son indifférence religieuse, avait gardé de son ancien pasteur. « J'aurais lieu d'être jaloux, mon bon curé, lui dit-il en terminant, vous avez attiré toutes les attentions et tous les honneurs de votre côté !... »

Le reproche était aussi aimable que flatteur.

Et se tournant vers les prêtres qui l'entouraient : « Je savais bien, ajouta-t-il gracieusement, qu'en produisant au milieu de ces braves gens, comme une véritable relique, *le vieil ami de Jésus*, les démonstrations de respect et de reconnaissance qui lui sont dues ne lui feraient pas défaut. »

N'était-ce pas interpréter d'une façon charmante la parole de nos saints Livres : *Corona senum filii filiorum, et gloria filiorum patres eorum* (1)?

Plus que jamais, l'unique souci du bon prêtre était de se livrer à des œuvres de dévotion et de miséricorde, afin de se préparer à son éternité. La pensée du ciel lui était tellement familière, qu'il n'écrivait plus guère à ses amis, à ses parents ou à ses « chères filles en Dieu », sans en parler avec cet espoir consolant que donne une vie sainte.

A l'occasion de la mort d'une jeune et pieuse religieuse, s'adressant à une sœur de la même communauté, il laisse déborder les sentiments de son âme avec plus d'abondance que jamais ; on ne saurait dans un langage plus exquis exprimer de nobles et délicates pensées.

« Ma chère fille, que Jésus vous bénisse et recueille vos pleurs ! Oh ! que j'aime ceux qui pleurent !… qui pleurent comme on pleurait à Béthanie, avec tristesse profonde, avec espérance certaine, avec foi indubitable dans la puissance et la bonté du saint ami de la famille !

« Que n'ai-je le cœur de saint Paul, aussi tendre et amical que fort et détaché, pour pleurer avec ceux qui pleurent et m'identifier à leurs chagrins et à leurs acceptations soumises et résignées ! Que ne

(1) Prov. XVII, 6.

suis-je surnaturalisé, courageux, illuminé jusqu'à aimer, comme un beau chant du ciel, les rudes échos du Calvaire; les apprendre par cœur, en remplir mon oreille et les redire au cœur souffrant! Qu'ils sont doux ces échos!... Ce sont les regrets et les douleurs de la pénitente Madeleine; le *fiat voluntas* de la Vierge et Mère Immaculée, offrant à Dieu son Isaac; la grande voix qui domine tous les autres échos, sans les étouffer ni les amortir. *Tout est fini!...* la mort finit, la vie commence. *Bienheureux les morts qui meurent dans le Seigneur, car leurs œuvres vont à leur suite* (1)!

« Un beau talent saintement exercé, une piété sainte et vraie, égale et soutenue, une tenue prudente et réservée, l'estime générale, conquise par le seul ascendant de la vertu, au milieu même d'un monde dissipé, voilà une belle escorte pour aborder aux rivages de la vraie patrie.

« Je vous félicite de tout cœur. En ornant de couronnes et de fleurs ce cercueil si précoce, mais si pur, vous avez fait preuve d'un grand sens qui vous honore: vous avez ainsi reconnu qu'à vos yeux le vrai mérite, la vraie grandeur consistent dans la vertu bien plus qu'en la richesse et l'opulence.

(1) Apoc. XIV, 13.

« Je sens bien le vide douloureux qui se fait au sein de la famille et que votre cœur si affectueux ressent vivement ; mais l'arrivée d'une âme dans le ciel a quelque chose de si grandement heureux pour elle, qu'aux yeux de la foi il est vraiment juste et raisonnable de mêler à l'accablement de la tristesse un sentiment de félicitation bien consolant. La bienheureuse éternité est assurée ; la couronne est posée ; Dieu est gagné ; plus de danger de le perdre !... »

Et s'élançant, pour ainsi dire, à la suite de l'âme qui s'envole au sein du repos éternel, avec quelle sublime simplicité il décrit les joies de la patrie céleste ! Comme l'on est tenté de s'écrier avec un grand saint : *Quam sordet tellus, dum cœlum aspicio!* Que la terre me paraît vile, quand je regarde le ciel (1)!

« Le temps passe et rétrécit peu à peu ce petit cercle de cœurs chrétiens qui nous affectionnent sur la terre ; il se reforme au ciel et s'élargit. Chaque arrivant y est reconnu, complimenté, installé, puis couronné. Il a vu Dieu, Jésus Sauveur, la Vierge Mère, Marie Immaculée, les anges, les saints de la famille, les saints de tous les temps, de tous les

____

(1) Lettre encyclique du pape Léon XIII : *Du Rosaire de Marie* (8 septembre 1893).

peuples. Il a cherché autour de lui les bornes du royaume des cieux, où désormais il habite : douce curiosité ! Mais ces horizons brillants sont immenses et laissent ses yeux en chemin. Il veut compter les jours de bonheur pur qu'il voit se succéder les uns aux autres, dans une série interminable. Ces jours ne font qu'un jour, le jour sans fin, l'éternité ! Il se voit, il se sent plongé dans l'infini : car tout, autour de lui, est infini, le temps, l'espace et tout !... Il est possédé par l'infini, mais non absorbé, car il garde sa personne et son individualité, heureux jusqu'à posséder lui-même cet infini qui le possède ; de manière que Dieu est le bien infini de l'âme, et que cette âme est le bien de Dieu, qui s'en fait un bien infini, une joie infinie, car il l'aime de sa charité infinie.

« Ah ! qu'elle est donc heureuse cette âme qui entre au ciel, qui rejette en entrant un regard sur la terre et dit à ceux qui restent : « Allons, venez !... »

« Je recommande *le vieux prêtre* à vos prières et à celles de la vénérable Mère.

« Saint Paul disait : *C'est quand je souffre* « *que je suis puissant* (1). Or, vous souffrez

____

(1) II Cor. xii, 10.

« toutes deux, l'une par le corps, l'autre par le
« cœur... Amen, Fiat (1) ! »

Ces lignes attristées, mais pleines d'espérance,
ce cri d'une âme purifiée par les épreuves, qui se
sent à l'étroit dans son enveloppe mortelle et qui
aspire à prendre son essor vers le ciel, trahissent
la foi vive de cet homme de Dieu, de ce serviteur
fidèle qui avait hâte *d'entrer dans la joie de son
Seigneur* (2).

« Je vois bien, dit-il ailleurs, et j'y consens,
qu'il faut passer par la terre, pour retrouver la
jeunesse. Tant d'autres y ont passé ! Que Dieu me
garde de prétendre à une exception ! Qu'il me
donne la contrition, sa grâce, mon pardon ! C'est
tout ce que je demande ! Demandez-le pour
moi (3) ! »

Ces graves pensées ne laissaient percer dans
ses traits rien de mélancolique, rien de sombre !
Toujours calme, content, joyeux, il attendait en
paix, comme le fidèle serviteur de l'Evangile,
l'arrivée du Maître, et chaque jour il s'efforçait
d'être en mesure de pouvoir répéter avec le prophète royal : *Paratum cor meum, Deus, paratum*

(1) Lettre du 19 septembre 1876.
(2) Notice, p. 30.
(3) 22 mars 1877.

cor meum : « Mon cœur est prêt, Seigneur, il vous attend (1) ! »

Cependant il lui devint impossible de continuer sa tâche. « Ses forces finirent par trahir son courage. Il fut condamné à un repos absolu. Tout au plus lui fut-il permis de se livrer à quelques travaux de sculpture, qui étaient pour lui un vrai délassement, et pour lesquels il eut toujours un goût très prononcé. C'est à son ciseau que l'église de Saint-Hérie doit sa chaire en pierre sculptée ; le séminaire, une jolie statue de la Vierge Immaculée (2) ; le cimetière de Dampierre, une de ses plus belles tombes, sans parler d'autres œuvres plus ou moins connues, disséminées çà et là. Il mettait la dernière main à la statue de son glorieux patron, saint Joseph, quand il sentit les premières atteintes du mal qui devait mettre fin à ses jours. Aussi ne put-il la parachever. Mais, pendant que *l'homme extérieur* s'affaiblissait sous le poids de l'âge et des fatigues, *l'homme intérieur*, plein de la sainte énergie que donnent la grâce et la prière, s'acheminait doucement vers le ciel, entrevoyant comme prochain le terme de son long pèlerinage (3).

(1) Ps. LVI, 8.
(2) Notice, p. 38.
(3) Id. p. 38.

Le 22 février 1879, il le fait pressentir à une religieuse de sa famille. Faisant allusion à la *bonne année* prochaine, qu'il ne sera plus loisible de lui souhaiter : « Je n'écrirai plus alors, dit-il, ni courte ni longue lettre. Je serai dans le purgatoire, attendant que les âmes charitables viennent m'en retirer, au moyen de leurs dévots chapelets et de leurs pieuses communions ! Je compte sur les vôtres, chère fille de la Sagesse !

« Car je vous le dis sérieusement, mais sans chagrin, mes forces diminuent rapidement. Les neiges de l'hiver m'ont transi. Je ne suis pas ce qu'on appelle arrêté ; je dis encore ma messe tous les jours ; mais en raisonnant mon état de santé, je dois reconnaître que je ne puis aller bien loin. Au ciel donc ! au ciel ! où l'on ne vieillit plus ! Au ciel, où l'on ne meurt plus !... »

Le 2 mars, il est encore plus explicite. Ce n'est pas un vague pressentiment qu'il fait concevoir de sa fin prochaine ; il en parle avec assurance, avec certitude.

Sa nièce de Brédon était venue lui rendre visite. « Ma bonne fille, lui déclara-t-il, je ne terminerai pas ma 85ᵉ année. — Mais, mon oncle, vos traits ne sont nullement altérés ; vous ne souffrez pas, vous trouvez bons les aliments que vous prenez ; tout porte à croire que vous irez au delà du 2 avril ! — Ma bonne fille, je te le répète, je ne finirai pas ma 85° année. »

« Priez beaucoup pour moi, écrit-il le 11 mars, mon corps s'affaiblit de jour en jour : j'entrevois le terme final comme peu éloigné. Ah ! que la volonté de Dieu soit faite ! je ne lui demande qu'une chose qui vaut toutes les autres et qui les couronne : *Mourir dans la grâce !* »

Le 17 mars, il confia à la poste une dernière missive : c'était une aumône adressée à l'orphelinat de Douvaine. Ces quelques mots accompagnaient une offrande de 173 francs : « Père, je suis à bout, je n'en puis plus ; c'est ma dernière obole pour les orphelins de saint François de Sales ; mais je ne vous oublierai pas là haut... (1) ! » Il se rendit ensuite au couvent pour faire ses adieux à sa chère communauté. On ne saurait dire ce que cette dernière entrevue eut de touchant. Comme le patriarche Jacob, après avoir adressé à ses enfants ses dernières recommandations, il étendit les mains pour appeler sur leurs têtes toutes les grâces et les faveurs du ciel, puis il implora le suffrage de leurs prières et leur donna rendez-vous au ciel !

(1) Bulletin de l'Œuvre, *loco citato* ut suprà.

Il ne pouvait non plus oublier ses bien-aimés fidèles, au salut desquels il avait travaillé, toute sa vie, avec une si rare abnégation. En traversant les rues de la ville pour s'en retourner au séminaire, il bénit chaque maison une dernière fois. Tout son cœur se manifestait bien là. Ainsi, le divin Maître, avant de quitter la terre, bénissait ses apôtres, ses disciples, et tous ceux qu'il avait aimés : *benedixit illis, et ferebatur in cœlum* (1).

C'est le lundi que se passa cette scène, douloureusement édifiante. Jusqu'au vendredi, il put encore célébrer les divins mystères. Le samedi, sans qu'aucune secousse apparente fût survenue, il se trouva trop faible, et demanda qu'on lui apportât la sainte communion. « Dès le dimanche matin, 23 mars, il sollicita le bienfait des derniers sacrements, qu'il reçut avec une angélique piété, répondant lui-même à toutes les prières de la liturgie, adressant ses derniers avis aux jeunes prêtres qui l'entouraient, et qui continuaient son œuvre, consolant sa vénérable sœur, associée à tous ses travaux, à toutes ses peines, cruellement éprouvée elle-même dans ses plus chères affec-

____

(1) Luc. XXIV, 51.

tions (1). Il lui dit au revoir dans un monde meilleur (2). »

Peu de temps après, il perdit l'usage de la parole, et tomba dans un état de prostration qui présageait le dénoûment fatal. Le jour suivant, son état ne fit que s'aggraver. Pas un mot, pas un signe qui fût l'expression de la douleur : il s'éteignait doucement, comme la flamme du sanctuaire qui s'affaiblit et meurt faute d'aliment. Les coups de minuit venaient de sonner. Le 25 mars, fête de l'Annonciation de la très sainte Vierge, pour laquelle il avait professé toute sa vie une si tendre dévotion, commençait à peine, quand il s'endormit doucement dans la paix du Seigneur.

Pendant deux jours, son corps fut exposé à la

(1) « Ma pauvre sœur, écrivait-il à la date du 2 octobre 1877, reste héritière de toutes les misères qui ont frappé la famille et dissipé son bien. Elle a vu mourir son mari, son gendre, sa fille Ambroisine, au cœur d'or, victime de son dévouement à soigner son mari poitrinaire, sa petite-fille de seize ans !... Dimanche dernier, on vendait sa maison et ses meubles, pour couvrir les mauvaises affaires de son malheureux gendre. Sont-ce là des peines à 80 ans ?... Mais ma sœur a aussi la foi qui console et qui soutient. Elle communie trois fois chaque semaine et continue sa marche vers le ciel où nous trouverons le repos. » Elle mourut peu de temps après son frère, pieusement, comme elle avait toujours vécu.

(2) Notice, p. 38-39.

vénération des fidèles qui vinrent en grand nombre prier près de sa dépouille et contempler une dernière fois celui qui avait *passé* au milieu d'eux *en faisant le bien* (1), qui avait été pour tous un consolateur, un soutien, un guide, un ami.

Ses funérailles eurent lieu le 28 mars. Elles furent célébrées à Matha, sans autre pompe que celle d'un concours imposant. Longtemps avant l'heure fixée, la cour d'honneur et les abords de l'établissement étaient remplis par une foule recueillie, accourue de tous les points du canton. Les pauvres qu'il avait si tendrement aimés et si charitablement secourus s'y montraient en grand nombre. Le deuil était conduit par M. l'abbé Louis Soullard, assisté de plusieurs ecclésiastiques, élèves du vénéré défunt. Presque tous les prêtres du canton, ainsi que les religieuses de la Providence, parmi lesquelles on remarquait Mme Sainte-Philomène, assistaient à la cérémonie.

M. l'abbé Bardon, archiprêtre de Saint-Jean-d'Angély, délégué par Mgr l'évêque de la Rochelle, présida à la levée du corps, et l'on se mit en marche pour l'église. Après l'évangile il prend la parole, décrit à grands traits la longue et labo-

(1) Act. x, 38.

rieuse carrière de l'homme de Dieu, et met en relief ses hautes qualités, sa grande sagesse, son éminente piété. « Après l'absoute, le cortège se dirigea vers le cimetière, au milieu d'une foule sympathique et silencieuse. On pensait à la vie si belle et si édifiante de ce saint prêtre, de cet infatigable instituteur de la jeunesse, de cet ami des pauvres, de ce défenseur intrépide de la foi chrétienne, et l'on recueillait les témoignages rendus à ses mérites, à sa sainteté, à ses longs travaux, à sa douce et chère mémoire (1) ».

L'amitié et la reconnaissance élevèrent bientôt sur ses restes vénérés, un gracieux monument que l'évêque de la Rochelle voulut lui-même bénir (2).

Il se plut, en cette circonstance, à rappeler les vertus éminentes de celui qui s'était montré le modèle du troupeau.

En considérant cette longue existence écoulée presque tout entière au milieu d'une population rebelle aux enseignements d'un si dévoué pasteur, on songe au prophète que le roi d'Assyrie avait jadis envoyé aux habitants de Babylone, d'Emath

____

(1) *Notice*, p. 41.
(2) *Bulletin religieux de la Rochelle*, 14 mai 1881.

et de quelques autres villes, établis en Samarie, à la place des enfants d'Israël emmenés captifs. Ils ignoraient le vrai Dieu, sa loi, son culte. Le prophète demeura parmi eux jusqu'à son dernier jour, pour leur enseigner la manière d'honorer le Seigneur. Mais tout en servant Jéhovah, ils n'en retournaient pas moins à leurs idoles (1).

Quoique bien ingrate aussi, la mission du digne serviteur de Jésus-Christ ne fut cependant pas si inféconde.

Après de consolants débuts à Dampierre et Blanzay, ou plutôt dans les douze paroisses qui lui sont confiées au lendemain de son ordination, il est appelé à Matha. Dans quel état lamentable trouve-t-il le canton ! Les églises sont ruinées et sans pasteurs : nombre d'entre eux ont donné l'exemple de la plus triste défection et se sont mariés pendant la révolution. Les générations qu'il s'agit maintenant d'évangéliser, élevées en dehors de tout principe religieux, sont devenues païennes.

A peine voit-on se relever les autels, que de nouveaux scandales viennent activer la démoralisation, augmenter la défiance, la haine du prêtre

____

(1) IV Reg. xvii.

et le mépris de la religion. En 1826, le curé de
Saint-Hérie de Matha, presque seul pour tout le
canton, est interdit, en raison de sa conduite im-
morale, après trente mois de résidence. Quelle
pénible et difficile succession recueille alors le
jeune envoyé de Dieu! Toutefois, grâce à sa haute
prudence, à son tact exquis, ses premiers efforts
sont bientôt couronnés de succès. Peu à peu il ra-
mène le peuple aux traditions du passé. Hommes,
femmes, enfants se font baptiser; les mariages
religieux redeviennent en honneur; les moribonds
sont réconciliés avec Dieu; un noyau de pieux
fidèles se reforme çà et là; tout fait concevoir de
consolantes espérances; mais voici 1830! De nouveau l'on s'insurge contre la religion. Autour
de lui on persécute, on pourchasse les ministres
des autels. Seul, au milieu de cinquante paroisses, il sait se maintenir et se faire respecter!
Mais, hélas! que de ravages dans les âmes! Que
d'efforts ne faudra-t-il pas pour réparer tout le
mal!

Quinze années n'ont pas encore ramené complètement le calme dans les esprits, et l'apostasie du
curé de Migron, Chardavoine, qui foule aux pieds
ses engagements sacrés et pactise avec les colporteurs protestants, entrave pour bien longtemps

encore le progrès moral et religieux de ces malheureuses contrées.

Que de rudes atteintes portées, dans l'espace d'un demi-siècle, au prestige sacerdotal et à la foi! Faut-il donc s'étonner d'en voir subsister encore dans le pays les désastreuses conséquences?

Cependant, le zèle éclairé du pieux curé de Matha lutte sans trêve contre l'erreur, l'ignorance et les préjugés. Par l'heureuse influence qu'exerce son petit séminaire et son couvent, par son action personnelle, par sa grande bonté pour tous, par sa charité, son affabilité, sa mansuétude, il a obtenu déjà un résultat immense : le prêtre n'est plus regardé comme l'ennemi commun qu'il faut éloigner, qu'il faut repousser ; c'est l'apôtre du bien, c'est l'ami de tous ! Et c'est sous l'empire de ce sentiment que les paroisses se reconstituent une à une et réclament des pasteurs. Dès lors, les tendances religieuses s'accentuent peu à peu, malgré la difficulté ou le malheur des temps. Tel est le fruit capital de cinquante années, et plus, d'un ministère absorbant, chargé de dures épreuves, mais sanctifié par la prière, la mortification volontaire et les sacrifices de toutes sortes !

Pour honorer la sainte humanité de Jésus-Christ, Madeleine ne craignit point d'affronter l'ironie, les sarcasmes, l'insulte même, de la part des orgueilleux pharisiens réunis chez Simon le Lépreux. Elle s'avance courageusement au milieu d'eux, arrive jusqu'au divin Maître, brise le vase d'albâtre qu'elle tient entre ses mains, en répand le parfum précieux sur la tête et les pieds du Sauveur, et la maison tout entière est remplie de la douce odeur qui s'en exhale.

Telle est l'image du saint prêtre dont l'unique préoccupation fut d'aller et de conduire à Jésus-Christ. Il s'est avancé avec courage au milieu d'un peuple éloigné de Dieu, en butte aux contradictions des uns, aux insultes, aux persécutions des autres. Son cœur d'apôtre à la main, vase d'élection rempli des plus précieux parfums du ciel, il s'est efforcé d'en répandre sur tous l'exubérante suavité. Quand la mort vient le briser, c'est alors que se dévoile pleinement le riche trésor de vertus qu'il cachait, douce odeur de Jésus-Christ qui s'exhale jusqu'aux limites extrêmes de la vaste paroisse : *Et fracto alabastro* (1), *domus impleta est ex odore unguenti* (2).

(1) Marc. xiv, 3.
(2) Joan. xii, 3.

Comment donc sa louange cesserait-elle d'être dans la bouche de tous (1) ?

Pendant que le pieux roi Josias était à Béthel, il demanda un jour aux habitants de la ville : « Quel est ce tombeau que j'aperçois au milieu des autres sépultures ? » On lui répondit : « C'est le tombeau de l'homme de Dieu, de celui qui est venu prêcher à nos pères la loi de Dieu ! » — « Qu'il soit pour tous, reprit le prince, un objet de respect (2) ! »

Si le vœu du saint roi s'est accompli pour le prophète, il en a été de même pour « le vieil ami de Jésus ».

Quinze ans se sont écoulés depuis que la tombe s'est fermée sur sa dépouille mortelle : la mémoire du juste est restée en bénédiction (3) !

(1) Eccli. xxxix, 13.
(2) IV Reg., xxiii.
(3) Prov. x, 7.

LE MONUMENT FUNÉRAIRE.

APPENDICE

APPENDICE

PROCÈS DE BÉATIFICATION

DU P. LOUIS-MARIE BAUDOUIN

FONDATEUR DE LA SOCIÉTÉ DES ENFANTS DE MARIE-IMMACULÉE ET
DE CELLE DES URSULINES DE JÉSUS, DITES DE CHAVAGNES

DÉPOSITION DE M. SOULLARD

D. S. J. M. J. (1)

J'ai été invité à l'honneur de dire mon opinion sur la question — posée — de la béatification du V. P. Baudouin. Me défiant de ma mémoire, j'ai mis par écrit mes sentiments et mes raisons.

D'abord et en général, je crois que la vie du R. P. Louis-Marie Baudouin a été la vie d'un saint prêtre, vivement animé de l'Esprit de Dieu.

Je crois que le R. P. Baudouin a été un homme vraiment providentiel, suscité de Dieu pour venir

(1) Dieu seul, Jésus, Marie, Joseph.

au secours de la sainte Église, à une époque de
calamités, comme un Borromée, un Vincent de
Paul, d'autres encore ; et qu'il a accompli le bien
que Dieu attendait de lui fidèlement et propor-
tionnellement à la mesure des grâces qu'il avait
attachées à sa mission ; qu'en conséquence, en
paraissant devant Dieu, il a été accueilli par le
titre de *serviteur fidèle dans la joie de son bon
Maître* (1). Quelques souvenirs que je trouve
encore bien frais dans ma vieille mémoire, me
paraissent justifier pleinement mon opinion sur
ce point.

1° J'ai passé à Chavagnes les deux années qui ont
précédé la suppression violente de l'établissement,
car le P. Baudouin avait eu, comme d'autres
membres remarquables du clergé, l'honneur de
déplaire à l'empereur qui se vengeait de l'homme
sur son œuvre. Nous eûmes nos prix deux mois
avant la fin de l'année, car les ordres l'exigeaient.
C'était le cas de dire avec Jérémie : *Versus est in
luctum chorus noster* (2). Il me semble encore voir
le saint homme, assis au coin nord-ouest de l'immense salle d'étude, entouré de ses professeurs

(1) Matth. xxv, 21-23.
(2) Thren. v, 15.

consternés, le front rouge de douleur et d'inquiétude, roulant dans ses yeux des larmes que la résignation s'efforçait de retenir. Il nous donnait ses avis, nous signalait nos dangers, en nous exposant ses craintes sur notre sort présent et sur notre avenir. Le pasteur étant frappé, la dispersion du troupeau était bien menaçante. J'avais à peine 17 ans ; j'étais bien étranger aux graves événements qui se précipitaient alors d'une manière si rapide. Ce que je voyais, ce que j'entendais était pour moi une énigme incomprise et peu étudiée : j'en ai trouvé l'interprétation fidèle, quand j'ai lu depuis ces paroles de saint Paul : *Quis infirmatur, et ego non infirmor ? Quis scandalizatur, et ego non uror* (1) ? Et je ne crois pas me tromper en considérant aujourd'hui comme une note certaine de sainteté, dans le R. P. Baudouin, des dispositions de charité chrétienne et de zèle sacerdotal si analogues à celles de saint Paul. Ne faut-il pas être saint pour parler, agir, penser et sentir comme les saints ?

2° Pour que nous puissions sainement juger de la nature de l'arbre, Jésus-Christ nous renvoie à l'étude de la qualité de ses fruits. Les fruits ont

(1) II Cor. vi, 29.

été nombreux dans cette vie si agissante du P. Baudouin, et tous ont eu la même couleur, la même forme, le même caractère : Dieu seul pour but ; confiance, prudence et activité pour moyens.

La foudre avait frappé, mais au lieu de détruire elle avait semé et multiplié : *Mentita est iniquitas sibi* (1). Des ruines de Chavagnes il se forma deux établissements frères : la Rochelle et Saint-Jean-d'Angély. Et pour que la main de Dieu parût conduire plus visiblement la main heureuse du supérieur, ce fut, dans ce temps de guerre, une caserne qui reçut ses séminaristes, et une écurie nettoyée et purifiée qui devint leur chapelle.

Le petit séminaire de Saint-Jean-d'Angély se logea d'une manière non moins inattendue. Ce fut, en effet, une maison universitaire, peu sympathique par conséquent, qui consentit bon gré mal gré à donner l'hospitalité à ce voyageur chassé de sa demeure. C'est ainsi que, forcé par la foi de Moïse, Balaam bénissait autrefois Israël qu'il voulait maudire ; c'est ainsi qu'une Egyptienne sauva et éleva le libérateur futur d'un peuple opprimé et impuissant à se défendre ; mais c'est Dieu qui le voulait.

____

(1) Ps. XXVI, 12.

Les hommes auxquels Dieu fournit de semblables ressources, qui viennent s'offrir comme d'elles-mêmes, au moment précis du besoin, ces hommes-là sont des saints : *Non fecit taliter omni nationi* (1). Mais ces hommes vraiment saints ne laissent pas agir la Providence sans lui donner leur concours humble et soumis, intelligent et empressé. Le R. P. Baudouin comprit ainsi les choses. Il avait su découvrir et reconnaître dans son modeste vicariat de Charente l'homme dont il avait besoin pour la fondation de Saint-Jean-d'Angély. Il l'avait appelé près de lui et lui avait communiqué son esprit et ses vues : l'un était le vieux Paul, l'autre était le fervent et docile Timothée. M. Dargenteuil, prêtre pieux et d'une très haute capacité, fut appelé à fonder Saint-Jean. Le R. P. Baudouin prit pour lui l'installation du grand séminaire de la Rochelle, et chaque chef se mit à sa tâche. Les vacances furent de quatre mois, bien trop longues pour les élèves, mais relativement bien courtes pour le travail réservé aux maîtres. Il s'agissait pour eux de transporter à 100 et 140 kilomètres l'immense matériel de Chavagnes, pour en meubler

(1) Ps. CXLVII, 20.

les deux maisons nouvelles de la Rochelle et de Saint-Jean, et, Dieu aidant l'activité des hommes, tout se trouva prêt pour recevoir les élèves à l'époque de la Toussaint.

Je ne dis rien de plus sur le grand séminaire de la Rochelle : les deux diocèses savent combien il en sortit de prêtres pieux, savants, remarquables en tout genre de mérite, qui firent la gloire et le modèle des deux clergés, luçonnais et rochelais, façonnés l'un et l'autre par les mains habiles du V. P. Baudouin.

Quant à l'établissement de Saint-Jean, tout marcha comme on pouvait s'y attendre. Le R. P. Baudouin était connu des meilleures familles de Saintonge, qui déjà avaient envoyé leurs enfants à Chavagnes.

L'homme de son choix, M. Dargenteuil, déjà connu dans la contrée, où sa famille était honorablement posée dans la société, obtint d'emblée la confiance par ses talents reconnus, et toutes les sympathies par ses manières distinguées, simples et nobles en même temps, si bien que le collège laïque ne put tenir en face du petit séminaire et lui abandonna le local tout entier. C'est ainsi qu'autrefois Dieu, qui est maître de tout, dépossé les Chananéens de leurs terres pour les donner aux Hébreux, ses enfants.

Mais, aux œuvres de Dieu il faut des épreuves, des épreuves telles, que ce sont quelquefois les premiers ouvriers qui y sont immolés : deux grands malheurs arrivèrent. Dans une promenade, un élève se noya. On critiqua malicieusement la surveillance. — Un affreux incendie éclata nuitamment. Tous les corps furent sauvés, mais la plupart des élèves y perdirent leurs effets. Pour ne pas interrompre les classes, on en logea une partie dans un local assez vaste, en y pratiquant à la hâte quelques réparations. Les autres furent logés en ville, par groupes de trois, quatre ou cinq, comme il fut possible aux habitants de se prêter aux circonstances : leur concours, leurs sympathies furent au-dessus de tout éloge. Mais quel souci que ce troupeau dispersé ! Il fallut des prodiges d'activité pour que la surveillance pût suffire à prévenir tous les dangers d'un tel état de choses, et pour les vies et pour les mœurs. Le tempérament de M. Dargenteuil était naturellement robuste ; mais après tant de secousses portées à son cœur, il en subit les inévitables conséquences : épuisé, il mourut à la peine. Il avait planté l'arbre ; il lui donna son travail, ses sueurs, son cœur si grand, si bon : à 33 ans, il donna sa vie et lui laissa son esprit : c'était donc le manteau d'Élie à recueillir.

Le R. P. Baudouin avait toujours, comme Isaïe, une flèche choisie en réserve pour les grandes occasions : il venait de perdre un ami bien intime et bien sympathique, un collaborateur puissant en œuvres et en paroles ; mais il lui restait un disciple formé de sa main, animé de son esprit et de son zèle. M. Mareschal était cet homme digne et capable de recueillir l'héritage du saint prêtre, de poursuivre noblement sa tâche et de conduire le petit séminaire de Saint-Jean-d'Angély à un point de splendeur tel, qu'il n'y eut pour le disputer que les établissements les mieux tenus de la capitale. Il était au plus haut faîte de sa gloire et de la faveur des familles honnêtes, quand éclata la tourmente de 1830. Alors, — comme on vit toujours, et de nos jours encore, — des hommes turbulents, mal inspirés par leurs antipathies religieuses, crurent faire un coup d'habileté et de patriotisme en enlevant au clergé un établissement florissant pour le donner au laïcisme. Ils purent donner les murs, mais la confiance était ailleurs...

Le collège végéta quelque temps sous des chefs

qui n'étaient pas sans mérite ; mais l'arbre n'avait plus sa culture ni sa sève connue : il se fanait. Les hommes sensés de Saint-Jean-d'Angély, le voyant se mourir sur pied, voulurent à plusieurs reprises le restituer à ses vrais fondateurs; mais une opposition inintelligente et haineuse renversa toujours leurs généreux efforts. De tous ces projets évanouis, on croyait entendre sortir ces paroles fatales : *Je m'en vais; vous me chercherez ; vous ne me trouverez pas* (1).

Cette imparfaite esquisse de l'établissement et de la chute du petit séminaire de Saint-Jean-d'Angély ne me paraît pas étrangère à la question qui occupe le vénérable tribunal auquel j'en soumets la signification. En effet, tant que le V. P. Baudouin put y porter son souffle vivifiant, l'œuvre marcha de progrès en progrès. Dès que la lave du volcan eut forcé le saint homme à s'éloigner, le terrain brûlé, calciné, resta stérile et impuissant.

J'en reviens maintenant au grand séminaire de la Rochelle, où j'ai passé quatre ans sous le V. P. Baudouin, deux ans pour la philosophie, et deux ans, pas plus, pour la théologie. Mes souve-

(1) Joan. vii, 34-36.

nirs de ce temps, maintenant bien loin de moi, me disent que nous avions de bien saints directeurs, entre autres, le fervent et exemplaire évêque de Maxula, Mgr Perrochaud, le P. Vicardière, le dévot de la sainte Vierge, et autres qui se groupaient autour du V. P. Baudouin, avec un accord digne de saint Paul et de ses disciples ; c'était le *cor unum et anima una* (1) dans sa belle et inaltérable réalité. Simple séminariste, peu investigateur de mon naturel, je me bornai, pour mon compte, au respect et à la régularité dont ces vertueux maîtres nous donnaient en même temps l'exemple et la leçon. Il faut donc que je dise que je n'ai rien remarqué de saillant et de merveilleusement remarquable en eux, pas même dans le V. P. Baudouin. Je n'avais pas assez de raisonnement alors, pour comprendre que c'était là la sainteté. Or, si l'on reconnaît aujourd'hui que cette vie est la sainteté, je déclare que j'en ai été témoin dans le R. P. Baudouin en particulier. Je déclare encore que cette sainteté uniforme se revêtait, de temps en temps, d'un éclat saisissant, surtout dans ses sermons, aux fêtes et dans ses explications du Rituel qu'il s'était réservées et de

(1) Act. iv, 32.

l'Écriture sainte dont il tirait de si édifiantes applications. Souvent il est arrivé aux condisciples et à moi de former des groupes en sortant de la salle ou de la chapelle, sous l'impression de ses paroles de feu, et de dire : *Nonne cor nostrum ardens erat in nobis dum loqueretur in via et aperiret Scripturas* (1) ? C'est que la sainte onction passait, d'un cœur plein, dans ses paroles vivantes. Il faut être saint pour parler si saintement.

Ce que je me rappelle encore, comme une marque de sainteté, bien claire, à mon avis, c'est la manière dont il célébrait la sainte messe ; j'ai eu le bonheur de la lui servir tous les jours pendant l'année de mon diaconat. Il aimait à avoir à ses côtés, à l'autel, un diacre avec surplis et étole. Oh ! quels regards attendris sur la douce victime ! Oh ! quels soupirs de componction ! Oh ! quels gémissements inénarrables, à l'évangile de saint Jean, en disant : *Et sui eum non receperunt !* En un mot : quel saint prêtre à l'autel ! Et j'ai fini.

(1) Luc. XXIV, 32.

PROGRÈS DU MINISTÈRE CATHOLIQUE (1)

(TABLEAU HISTORIQUE)

ET

APOSTOLICITÉ DE L'ÉGLISE

EN REGARD DU PROTESTANTISME

———

Cette Église, on la voit, comme une source jaillissante ouverte aux flancs ensanglantés du Calvaire, verser premièrement ses eaux purifiantes sur Jérusalem et la Judée ; puis, descendant bientôt dans les plaines du monde, comme un fleuve magnifique et vainqueur de tous les obstacles, porter *à tous les peuples la fertilité et la vie : Vivent omnia ad quæ venerit torrens* (Ezech., XLVII, 9). L'Écriture nous la montre encore *s'élançant* à la conquête des nations, *comme l'astre géant qui éclaire le monde en élevant sa course au plus haut des cieux, sans que nul puisse échapper à la chaleur de ses rayons.* Et bientôt, en effet, d'un bout

———

(1) *Nouvelles réflexions sur les Brochures de M. Delmas,* ministre protestant à la Rochelle, pp. 52-73.

de l'univers à l'autre, sa voix puissante a retenti, sa voix aussi forte que douce ; les peuples ont reconnu leur mère, car elle a dit : *Venez, enfants, écoutez mes leçons ; je vous enseignerai la crainte du Seigneur* (Ps. xxxiii, 12). Elle a parlé et sa voix est comprise. Un rayon de lumière a traversé les ténèbres du paganisme ; une philosophie nouvelle éclaire les esprits. *Les Grecs cherchaient encore la sagesse* (I Cor. i, 22) au Portique et au Lycée ; mais saint Paul en plein univers *a annoncé Jésus crucifié*, et, à ce mot, le Juif charnel se spiritualise, le gentil orgueilleux s'humilie ; l'un et l'autre viennent de goûter la *science profonde et la vertu divine* de l'école chrétienne (I Cor. i, 23, 24). Les anciennes idées font place à des idées nouvelles ; une révolution complète a changé la nature même des choses. Ainsi, *la croix de Jésus-Christ, scandale pour les Juifs, honte et folie aux yeux des nations* (I Cor. i, 23), la croix de Jésus-Christ est *la gloire* de Paul : pour lui, souffrir, c'est jouir délicieusement de la vie ; mourir, c'est vivre ; être persécuté, emprisonné, lapidé, c'est triompher et vaincre. Les loups sont impuissants à dévorer les agneaux ; c'est désormais *le faible qui subjugue le fort : Infirma mundi elegit Deus ut confundat fortia* (I Cor. i, 27). Un pêcheur de Judée vient disputer à Tibère la capitale de l'Empire ; d'une main ferme et sûre, il plante au haut du Capitole son étendard victorieux, et, malgré les fureurs de Néron, la croix y restera fixée, et Pierre y régnera.

Avant de quitter l'Orient, déjà il a inauguré le nom chrétien à Antioche, sa capitale. En passant, il a recueilli les *Hébreux dispersés* dans le Pont, la Galatie, la Cappadoce, l'Asie et la Bithynie ; les brebis écartées de la maison d'Israël ont entendu la voix du premier des Pasteurs. De son côté, saint Paul, l'apôtre des Gentils, a visité Séleucie, Salamine, Paphos, la Pisidie, la Pamphilie, la Lycaonie, la Phrygie, la Galatie, la Mysie, la Thrace, la Macédoine ; tous les pays, toutes les villes, *depuis Jérusalem jusques à l'Illyrie, ont répété le nom de Jésus-Christ ; tout est plein de son Évangile* (Rom. xv, 19) ; et voilà Paul en Achaïe. C'est Athènes, c'est Corinthe qui deviennent le théâtre de ses prédications. Ainsi, pendant que saint Pierre à Rome convertit les puissants, saint Paul, en Grèce, persuade les savants.

Cependant, saint Thomas porte l'Évangile aux Indiens, saint André chez les Scythes, saint Philippe dans la Haute-Asie, saint Barthélemy dans la grande Arménie, saint Matthieu dans la Perse, saint Simon dans la Mésopotamie, saint Jude en Arabie, saint Mathias en Éthiopie, et, de sa ville d'Éphèse, saint Jean étend sa parole d'amour sur toute l'Asie-Mineure.

Oui, le monde est conquis et l'Église triomphe. Son chef est installé dans la Ville éternelle, et l'univers tout entier reçoit de lui l'impulsion et la vie. Le prince temporel envoie ses gouverneurs aux provinces de l'empire, souvent pour les piller, les pressurer ; le prince de l'Église envoie aussi ses délégués, mais pour enrichir les peuples des trésors de la grâce, et leur offrir l'heureuse liberté des enfants de Dieu.

Passez aussi chez nous, prédicateurs du royaume du Christ ! Que les Alpes s'abaissent sous vos pas ! Qu'il est *beau votre zèle*, qu'elle est *noble votre entreprise !* Qu'elle est *douce la paix que vous offrez !* Qu'il est donc désirable le *salut que vous annoncez !* Qu'il est consolant pour Sion le *règne de son Dieu ! Quam pulchri super montes pedes annuntiantis pacem, prædicantis salutem, dicentis Sion, regnavit Deus tuus !*

Lyon, ouvre tes portes ! Pothin vient t'offrir l'Évangile et te donner son sang. Voici Irénée qui le suit avec ses compagnons. Il se tient prêt à recueillir l'héritage de ses travaux, de ses dangers, de son droit au martyre. Un jour, heureuse ville, fécondée par tant de sang chrétien, tu verras naître au pied de l'un de tes autels l'œuvre providentielle de la Propagation de la Foi ! Et, à ton tour, *tu enverras porter la parole de vie aux peuples étrangers et aux îles lointaines* (Isaïe, LXVI, 19).

Toulouse n'entend plus la voix de ses idoles ; sur les marches de leur Capitole, Saturnin a prêché Jésus *élevé sur la croix*, et sa vertu divine *attire tout à lui* ; la lumière a paru, le prince des ténèbres rentre dans les ténèbres ; il avoue sa défaite et se laisse enchaîner.

Salut à vous, Eutrope, notre père ! Vous aussi vous venez conquérir notre Gaule à Jésus-Christ. Venez, apôtre des Santons, leur donner vos sueurs, votre sang, votre vie ! Saint et glorieux père, vos fils seront reconnaissants. D'âge en âge, ils diront vos vertus et votre victoire qui est aussi la leur. Sur vos restes chéris ils aimeront à reconnaître la trace encore vivante du témoignage courageux que vous rendîtes à la foi, aux jours terribles des persécutions ; et dans nos temps, plus dangereux peut-être, d'indifférence et d'incrédulité, vos cendres précieuses attesteront encore l'apostolicité de nos croyances. Et, en effet, qui déchirait votre corps autrefois et le mettait en pièces ? C'étaient les ennemis de Jésus-Christ et de sa sainte Église. Qui recueillait pieusement ce corps sanglant ? qui le lavait, le baisait, lui donnait un tombeau ? C'étaient les partisans de la sainte doctrine. C'est, en effet, de l'amour pour la doctrine que naît l'amour pour le docteur et le respect pour sa mémoire. Comment donc, aujourd'hui, pourront-ils se vanter de posséder vos antiques enseignements ceux qui ne craignent pas d'insulter à vos restes sacrés ? Non, non ! aux catholiques seuls le double héritage de la doctrine de leur père, et du respect filial qui revient à ses cendres.

Cent autres villes de la Gaule, Arles, Narbonne, Sens, Limoges, le Mans, Rouen, Vienne, Bordeaux, Paris, suivent le mouvement, et la Gaule est chrétienne.

L'Égypte a abjuré ses dieux stupides, ses végétaux divinisés. Le prince des Apôtres lui a donné le plus parfait de ses disciples : Marc aborde à Alexandrie, et, d'une ville voluptueuse, il a bientôt formé tout un peuple de saints. La Lybie, la Cyrénaïque reconnaissent la loi du Christ. Carthage, Utique, Hippone renferment dans leurs murs des milliers de fidèles. Toutes les provinces de l'empire, les villes, les hameaux, les armées, les administrations, les palais même de César sont remplis de chrétiens. Le démon s'en irrite, les gouverneurs ouvrent les amphithéâtres, déchaînent les lions ; leurs dents cruelles ont broyé les membres des martyrs ; mais l'Église est plus forte que les persécuteurs, et voici que *les rois*, les empereurs eux-mêmes *deviennent ses enfants et ses protecteurs. Erunt reges nutritii tui*, dit le prophète des prospérités de l'Église (Isaïe, ii, 23).

C'est donc cette Église fondée par Jésus-Christ, divinement répandue, divinement conservée, l'Église des apôtres, l'Église des martyrs, que les catholiques d'aujourd'hui, ceux de la Rochelle, de Bordeaux, de toute la France, de toute l'Europe et des cinq parties du monde, revendiquent pour la leur (1). M. Delmas ne peut la leur contester : leur descendance est trop bien constatée et par l'histoire et par les monuments. N'honorent-ils pas aujourd'hui tous les martyrs enregistrés sur ses martyrologes, tous les évêques inscrits sur ses sacrés diptyques, tous les docteurs reçus dans

____

(1) La France seule a enregistré les noms de plus de quatre-vingt mille prédestinés (V. le *Martyr. Gallic.* d'André du Saussaye).

ses longs catalogues ? Ne reçoivent-ils pas la liste de ses papes, les décrets de ses conciles, ses articles de foi ? N'anathématisent-ils pas toutes les erreurs qu'elle proscrivit ? N'est-ce pas elle qui condamnait autrefois les Marcionites, les Manichéens, les Novatiens, les Donatistes, les Ariens, les Macédoniens, les Pélagiens, les Sémi-Pélagiens, les Nestoriens, les Eutychiens, dans les cinq premiers siècles, et, plus tard, les Monothélites et les Iconoclastes ? Les catholiques ne les condamnent-ils pas avec elle ? Elle les condamnait en leur disant : Vos doctrines sont contraires à l'Écriture et à la tradition. N'est-ce pas le langage des catholiques d'aujourd'hui ? A eux donc, sans contredit, l'Église apostolique.

— 2° L'Église des catholiques est donc celle qui, dans l'espace de quelques siècles, a enfanté à Jésus-Christ tous les peuples civilisés. Mais un si beau succès n'a point épuisé son zèle, ni lassé son activité : les barbares auront leur tour. Pour triompher de la persécution organisée, appuyée sur les lois et sur la puissance du glaive, l'Esprit de Dieu, qui la soutient, donna la force à ses *martyrs* ; pour rompre les liens de la vieille habitude, pour dissiper les préjugés de la naissance, l'empire des exemples, il accorda à ses *thaumaturges* l'éclat irrésistible des miracles ; pour réduire au silence l'orgueil de la philosophie païenne, il inspira à ses *apologistes* cette parole lumineuse, *cette logique* vraie contre laquelle les objections se brisent : *Os et sapientiam cui contradicere non poterunt* (Luc. xxi, 15). Pour déjouer la subtilité de l'hérésie, il suscita l'autorité de ses *docteurs*. Il va maintenant lui communiquer sa patience et sa douceur ; puis elle les gagnera, les instruira, les civilisera, ces enfants de la brute nature que les frimas du Nord poussent dans ses bras de nourrice. Ah ! que de pleurs ils lui feront d'abord verser ! Combien de fois elle verra ces enfants sauvages ensanglanter le sein qui les nourrit ! Mais désormais ils sont à elle ; son lait bientôt aura humanisé ces féroces courages, et leurs mâles vertus, fruit de ses prudentes leçons, lui feront oublier plus tard les travaux de l'enfantement.

On la voit donc, accomplissant ses immortelles destinées, sûre des promesses du Christ, traverser sans effroi la période orageuse, la période à jamais fameuse des *invasions septentrionales*. Les vents soufflèrent, les tempêtes se déchaînèrent, des nuées de barbares inondèrent les provinces de l'empire ; cet édifice colossal n'était qu'un édifice humain ; il était fondé sur le sable : il ne put résister ; sa ruine fut grande, sa chute sans retour. Mais l'Église repose sur le rocher ; elle résiste aux flots et bientôt les maîtrise. Déjà le fier Clovis, avec ses Francs victorieux, reconnaît pour son Dieu le Dieu que Clotilde adore, et saint Remy répand l'eau du baptême sur le front incliné du Sicambre.

Ainsi que les Gaules et l'Espagne, et tous les pays d'Occident, l'Angleterre avait reçu l'Évangile dès le IIe siècle ; mais, au milieu de la tourmente politique qui fit mourir ou dispersa les anciens habitants, le flambeau sacré disparut. Saint Grégoire le Grand a porté ses yeux de pasteur sur cette île intéressante. Par ordre du pontife, quarante missionnaires, ayant pour chef saint Augustin, prieur de Saint-André, vont y planter de nouveau la croix de Jésus-Christ ; ils la portent levée et les Anglais s'inclinent devant elle. Etelberg imite Clovis, obéit à la grâce, devient le protecteur de l'Église, et l'île des Saxons sera l'île des Saints.

Voyez-vous ces vaisseaux couvrant au loin la mer et se pressant à l'embouchure de la Seine ? Voyez-vous, sur l'une et l'autre rive, cette foule qui fuit, et ces hordes de barbares à la haute stature, aux cris féroces, au glaive ensanglanté, qui poursuivent, qui pressent, qui frappent, qui égorgent ? Que deviendra la France, sa riche capitale et ses belles provinces ? Sont-elles pour jamais abandonnées en proie à la fureur des Normands ? Non : l'Église a gémi, elle a prié, et Dieu l'a exaucée. Rollon, le terrible Rollon se fait chrétien avec ses capitaines, et son duché de Normandie est devenu la terre de la foi, de la piété, de la justice.

Ce que la France avait souffert des bandes des Normands, l'Allemagne l'éprouve de la part de ces nuées de Scythes cantonnés désormais dans la Hongrie, et qui de là portent le meurtre et la dévastation chez les peuples voisins et jusqu'au sein de la Lorraine. Dieu a pitié de tant de maux : un de leurs rois se convertit. Étienne, son fils et son successeur, devient l'apôtre de ses sujets ; de pieux missionnaires secondent son zèle, et avant de mourir, il a banni l'idolâtrie de ses États (1).

(1) Il ne sera pas inutile de faire remarquer ici, 1° qu'à cette occasion le Souverain Pontife envoya au saint roi de Hongrie une croix pour être portée devant lui, comme un signe de son apostolat ; 2° que le prince, en marchant contre des rebelles que leur attachement à l'idolâtrie avait jetés dans la révolte, faisait porter sur ses drapeaux l'image de saint Martin ; 3° que le pieux roi, pour témoigner à la sainte

Bientôt la Flandre, la Frise, la Westphalie, la Bohême, l'Autriche, la Moravie sont éclairées du flambeau de la foi. Le vaillant Vitikin, avec ses fiers Saxons, a reconnu la loi du Christ, et, de la Saxe, l'Église avance ses conquêtes jusqu'aux glaces du Nord. Saint Auscaire, moine de Corbie et Français de naissance, prêche la foi en Danemarck et en Suède, pendant que l'Anglais Boniface, archevêque de Mayence, apôtre de l'Allemagne, évangélise la Hesse, la Bavière, la Thuringe, et retourne dans la Frise pour cueillir à la fin la palme du martyre.

Les Bulgares sont vaincus par les empereurs de Constantinople. Théodora, régente pour son fils, leur accorde la paix : c'est encore un nouveau pays acquis au christianisme. La sœur du roi était captive ; dans sa captivité, elle était devenue chrétienne ; rendue à sa patrie, elle la gagne à Jésus-Christ : les Bulgares députent au pape Nicolas Ier, et deux évêques missionnaires accompa-

Vierge sa tendre dévotion, mit sa personne et son royaume sous sa protection. Le respect pour la croix, le culte des images, l'invocation des saints, étaient donc pratiqués par ceux qui convertissaient autrefois les peuples idolâtres. Comment les protestants peuvent-ils nous les reprocher, à nous aujourd'hui, comme une idolâtrie ?

gnent les ambassadeurs à leur retour dans le pays.

Les Slaves se sentaient attirés à la foi par *cette odeur de Jésus-Christ* qui, des pays voisins, se répandait doucement sur leurs plaines. Théodora encore assure à l'Église cette importante acquisition (1). Par ses soins empressés, un missionnaire, nommé Constantin, entra dans le pays et bientôt il eut converti la nation entière, qui partagea avec les Russes, ses voisins, le trésor de la foi, trésor miraculeux qui croît à ceux qui le possèdent, à

(1) Les Slaves habitaient une partie du pays connu de notre temps sous le nom de Pologne. Héroïque Pologne ! qui trouva dans sa foi tant de courage et de patriotisme ! Patriotisme aujourd'hui malheureux, mais digne d'obtenir, quand même... de généreuses sympathies ! Vaillante nation ! qui vainquit le Croissant à Belgrade et força Mahomet à fuir en blasphémant devant la croix chrétienne. Le grand Hunyade compta aussi sur sa valeur à la journée de Varna. Là, vingt mille chrétiens, dont dix mille Polonais, pensèrent arracher la victoire à cent mille Ottomans ayant Amurat à leur tête. Les Polonais y moururent tous ensevelis dans la victoire et non vaincus ; car Amurat laissa sur le champ de bataille trente mille des siens. Il rentra en Asie, avouant hautement qu'une semblable victoire équivalait pour lui à une défaite sanglante. C'est à la Pologne, peut-être, que M. Delmas est redevable de n'être pas né Turc. Qu'il souffre donc sans blâme et sans envie une larme fraternelle, quand un catholique la donne à la douloureuse agonie d'une nation généreuse.

proportion qu'ils le communiquent à ceux qui ne l'ont pas. *Infinitus enim thesaurus est hominibus* (Sap. vii, 14).

— 3° Les siècles de bouleversements sociaux et de guerres tumultueuses ne sont pas amis des sciences. Dans un seul ennemi la société eut donc à redouter deux fléaux à la fois, la barbarie et l'ignorance. Comme on vient de le voir, c'est l'Église des catholiques qui dompta le premier. Sa foi, en pénétrant profondément dans l'esprit des barbares, ne put manquer d'imprimer dans leurs cœurs ces maximes de charité, de pardon, de douceur, d'humilité, de justice, de pitié pour le faible, qui en sont le véritable caractère. Ainsi, en peu de temps, les habitudes cruelles et sauvages firent place à des maximes douces et vraiment chrétiennes. C'est à l'Église catholique encore qu'il était réservé de conjurer le second et de sauver la science de ce déluge d'ignorance qui, de nécessité, résulta des invasions. En effet, dans ces temps de conquête, l'art de vaincre et de tuer était le seul en honneur, puisqu'il était celui des maîtres ; il était le seul lucratif, puisqu'en définitive chacun avait à lui ce qu'il avait pu prendre. Les guerriers, — et c'était alors presque tout le monde, — les guerriers se faisaient gloire d'être illettrés ;

ils ne savaient signer en qualité de gentilshommes.
Ainsi la science dédaignée, méprisée, inutile, ne savait où poser son pied de colombe timide ; partout elle voyait du sang et des ruines. L'Église fut pour elle une arche de salut.

Dans ses cellules monastiques, des hommes étrangers aux fureurs des champs de bataille priaient le jour, priaient la nuit ; entre les heures de prière, ils copiaient saint Chrysostome et Démosthène, saint Augustin et Cicéron, Eusèbe et Tite-Live, la Bible en lettres d'or, puis Virgile, Horace et Pindare, qu'ils ornaient de vignettes. C'est ce qu'on vit à Marmoutier, à Corbie, à Lérins, au Mont-Cassin, à Cîteaux, à Clairvaux, à la Chartreuse. Littérature, architecture, sculpture, chant, agriculture, tout fut reçu au monastère pour en sortir ensuite et embellir le monde. Est-il, en effet, un seul monastère connu qui n'ait planté à côté de son cloître un de ces chefs-d'œuvre de l'art, une de ces églises gothiques, dont le travail et la solidité résisteraient encore au temps, sans les crimes, hélas ! ineffaçables, d'un vandalisme trop récent que les regrets n'expieront pas, ou du moins ne répareront pas. On voit encore quelques débris de ces beaux édifices ; ils sont aux catholiques, bien entendu ; car ceux qui les bâti-

rent étaient catholiques, et ceux qui y priaient
aussi. Leurs découpures mutilées, leurs pierres
calcinées, brisées, parlent encore un langage bien
clair. A tout œil attentif qui s'arrête et les inter-
roge, elles répondent : Le catholicisme nous
conçut et nous éleva ; l'hérésie nous haït et nous
renversa ; en contemplant nos ruines, le cœur
religieux gémit, le génie amateur s'indigne, l'hé-
rétique frémit et nous maudit encore, et... s'il
osait !...

— 4° L'Église que les catholiques avouent pour
leur mère est donc cette antique Église chrétienne
qui convertit nos pères, civilisa la nation, défricha
le pays, y fit régner l'ordre et la justice ; cette
Église féconde, qui chaque jour élargissait sa tente
pour de nouveaux enfants ; cette Église indéfectible, indestructible, que ses malheurs mêmes affer-
missent ; qui, semblable à la mer, reprend sur un
rivage ce que les accidents lui ravissent sur l'autre. C'est ainsi qu'au moment à jamais déplorable
où l'hérésie du xvie siècle arrachait de son sein les
domestiques de la foi, elle consola sa douleur et
répara ses pertes en portant l'Évangile aux Indes,
au Japon, dans la Chine, au Pérou, au Mexique,
au Paraguay, au Canada. Partout en sa faveur
Dieu renouvela *ses antiques merveilles*, et l'Église

catholique, dont l'hérésie avait chanté la mort, fut alors plus *catholique* que jamais.

Ce furent bien ses missionnaires, on ne dira pas non, qui parcoururent en tous sens ces antiques forêts où vivaient, sans lois et sans culte, ces peuplades de sauvages plus féroces que les bêtes, dont la malice au moins est sans calcul. De ces hommes, qui de l'homme ne conservaient que la figure, ils formèrent des peuples de saints. Ils les avaient reçus des mains de la nature, durs, insensibles comme la pierre : qui pouvait en former des enfants d'Abraham ? Vaincus, ils étaient fiers jusqu'à mourir sans demander quartier, sans verser une larme : qui put leur enseigner l'humilité ? Vainqueurs, ils étaient cruels jusqu'à manger la chair des prisonniers : qui put leur inspirer la douceur ? Leurs haines étaient héréditaires, leurs vengeances inexorables, leurs guerres, des guerres d'extermination : qui put les amener au pardon des injures ? La grâce de Jésus-Christ put seule opérer ce prodige, qui s'opéra pourtant, qui dure encore. La grâce de Jésus-Christ agissait donc avec ces missionnaires ; ils étaient donc les vrais ministres de Jésus-Christ, et leur Église la vraie Église.

Il est vrai, nous le savons bien, dans ce champ

vaste et fertile, défriché par les soins de nos prêtres catholiques, d'autres ouvriers sont entrés
ensuite et ont semé à leur tour ; mais aux catholiques la gloire incontestable d'avoir porté à l'Amérique le nom adoré de Jésus ! A eux le privilège
incontestable d'y avoir semé les premiers le grain
de la parole ! Or, selon la parabole évangélique,
les premiers ouvriers sèment le bon grain ; l'ivraie
ne vient qu'après, et sort de la main ennemie qui
se présente en second lieu. On peut bien dire, en
toute vérité et en toute évidence, que l'Amérique
est devenue catholique par une œuvre d'évangélisation véritable, et qu'elle n'est devenue protestante que par le fait d'une œuvre politique. Sans
les rivalités internationales de la France et de
l'Angleterre, jamais le protestantisme ne s'y serait
implanté. Là, comme ailleurs, le protestantisme
a été la religion des passions humaines, des intérêts matériels, l'œuvre de la sagesse terrestre, le
fruit du malheur des temps. J'ose le répéter,
puisque l'histoire l'a dit, et que tout le monde le
sait.

— 5° L'Église que les catholiques nomment
avec amour, et qu'avec confiance ils présentent
aux regards du genre humain, est celle qu'on voit,
de nos jours encore, marcher fidèlement sur les

traces antiques, garder ses vieux principes, ses vieux usages, son mode apostolique, sa méthode primitive d'évangélisation, qu'on voit sans cesse à la tâche, constante, infatigable, toujours croyante, toujours confiante, aimant tous les hommes et toujours ; c'est elle qui soutient, dirige et étend chaque jour ces missions apostoliques, qui embrassent maintenant le globe entier. Elle ne borne point son zèle aux patientes et timides populations de l'Océanie, les seules que les missionnaires protestants aient osé aborder, parce qu'ils peuvent s'en faire craindre ; mais on la trouve au Suth-Chuen, au Laos, en Corée où l'idolâtrie armée menace et persécute ; c'est là que, de nos jours, l'Évangile est prêché à la manière des apôtres, de vive voix, au prix des contradictions, des chaînes, des prisons, des tourments, du martyre ; c'est là, sur ces bords inhospitaliers, que se dirigent, chaque année, ces généreux enfants de la France, ces Lazaristes de Vincent de Paul, ces élèves des Missions étrangères. Comme saint Paul à Milet, ils s'arrachent des bras de leurs familles, de leurs amis, ils cèdent à l'amitié les larmes de départ, puis, le cœur plein de cette grâce de vocation qui ne connaît point de dangers, ils partent en disant :

Des chaînes, des persécutions m'attendent, je le sais ;

mais je ne crains rien de tout cela, pourvu que j'accomplisse ma course et ce ministère de la parole que j'ai reçu de Jésus-Christ.

C'est là encore que les ministres protestants n'osent porter eux-mêmes leurs Bibles. Ils en chargent des barques, les font échouer sur les côtes; mais y risquer leurs personnes, ils n'en sont ni dignes ni capables. Les idolâtres donc brûlent leurs Bibles en blasphémant ce qu'ils ignorent, et en jettent les cendres. Ainsi s'en vont aux vents et sans aucune utilité les millions de la Société biblique, tandis que la *Propagation de la Foi*, avec ses faibles ressources que Dieu bénit, entretient au cœur de ces pays de nombreux missionnaires, qui les fécondent de leur sang, comme aux beaux premiers siècles.

Oui, l'Église de Pie IX est la même que l'Église catholique de saint Pierre, de saint Clément et des premiers martyrs, c'est-à-dire l'Église de Jésus-Christ; car celle-ci fait ce que faisait celle-là, et de la même manière. Oui, le grand arbre est toujours debout. Si quelques-unes de ses racines ont manqué, assez d'autres lui ont fourni toujours une sève abondante; si l'orage a brisé quelques-unes de ses branches, des rameaux vigoureux les ont vite remplacées; l'arbre est plus grand que jamais.

Venez, peuples, venez vous nourrir de ses fruits et jouir de son ombre ! Venez ! peuples nouveaux, vous greffer sur ce tronc qui porta tous les autres !

— 6° Enfin, quand les catholiques disent l'*Église*, ils entendent parler de cette société chrétienne qui, dès sa naissance, se nomma simplement l'*Église*, parce que chaque chose sur la terre a son nom reconnu qui la désigne et la distingue, qui lui appartient comme une espèce de définition abrégée de la chose, qui ne convient qu'à cette chose. Nous voyons, en effet, que ce nom antique, ce nom scripturaire et traditionnel, l'*Église*, a toujours été vainement réclamé par les sociétés séparées ; il est resté comme *adjugé* par le grand tribunal du monde à l'ancien possesseur.

En se séparant à leur tour de la société principale, les protestants ont bien tenté de le lui ravir aussi et de se l'approprier ; mais ce n'est pas chose facile que d'enlever à quelqu'un son nom, un nom qu'il a reçu de ses ancêtres, un nom qu'il a porté dès son enfance, un nom qu'il a signé sur tous les actes de la vie, sur les actes publics, sur les actes privés, un nom enfin qui décide de sa fortune et de ses droits. Aussi l'Église a défendu le sien ; elle le garde, elle le gardera. Force a donc été pour eux d'en adopter un autre, même plusieurs, car, ne datant que d'eux-mêmes, ils se trouvaient sans nom, et il leur en fallait un. Or, où le prendre ailleurs que dans leurs chefs? Ils se sont donc nommés Luthériens, Calvinistes, Zuingliens, etc.

Ces noms leurs suffisaient d'abord ; mais, en réfléchissant ensuite sur ce beau nom d'*Église*, consacré par la bouche de Dieu, ils ont senti plus que jamais le besoin de le prendre ; car ce mot, *enfant de l'Église*, est synonyme de cet autre mot, *enfant de Dieu* : c'est le mot sauveur de l'Apocalypse, *imprimé sur le front des serviteurs de Dieu* (Apoc. VII, 3). Mais ce nom était pris d'avance, un autre le portait. Comment être compris si on le prend sans épithète? Il fallut donc, par la force des choses, en venir là ; l'épithète fut ajoutée et les protestants se nommèrent l'*Église réformée*. L'Église *réformée!* Mais, protestants de bonne foi, ce mot seul vous condamne. Ce mot tranche d'un seul coup les liens prétendus par lesquels vous croyez tenir encore à l'Église primitive ; car il vous distingue, il vous sépare, il vous sort absolument de l'Église qui existait le jour qui précéda l'heure de votre apparition au monde, et, par une conséquence inévitable, de l'Église apostolique.

En effet, l'Église qui existait le jour qui précéda votre naissance s'appelait simplement l'*É-glise* ; cette Église tenait à celle qui, le siècle précédent, se nommait aussi l'*Église* ; celle du siècle précédent n'était que la continuation de l'*Église* du siècle antérieur, et remontait ainsi, de siècle en siècle, à l'Église des temps apostoliques, qui n'était et ne pouvait être une *Église réformée.*

D'ailleurs, réfléchissez sur la force des mots eux-mêmes, et vous verrez que de la bouche de l'Erreur sort la condamnation qui la frappe. Il faut en convenir : l'Église *réformée après* est bien l'Église qui *a failli avant.* Or, l'Église qui a failli *avant* ne peut pas être celle dont Jésus-Christ a dit : *Je fonderai mon Église, et les portes de l'enfer ne prévaudront pas contre elle* (1).(Matth. XVI, 18). Celle-ci, en effet, est irréformable de sa nature et de par Jésus-Christ.

(1) M. Delmas sent bien tout le tort que fait à ses prétentions cette épithète embarrassante de *réformée,* imprimée pour toujours au front de son Église protestante. Il tâche de parer aux trahisons de cette alliée équivoque, en atténuant la signification du mot. *La réforme de l'Église* est peu de chose selon lui. N'avez-vous pas entendu parler de la *réforme du calendrier,* par le pape Grégoire, qui fit au moins cela d'utile ? Eh bien ! selon M. Delmas, la *réforme de l'Église* n'est qu'une rectification de ce genre. « C'est une chose si simple, qu'on est étonné qu'il faille le dire. » (*Exam.*, 79.) Si

Vous êtes, dites-vous, de l'Église réformée. Mais vous déclarez donc que l'Église apostolique n'a pas été jusqu'à vous ; car si l'Église apostolique

les lecteurs de l'*Examen* étaient simples comme la comparaison, ils pourraient recevoir cette nouvelle *poudre* ; mais le grand nombre sentira la disparité qui existe entre les deux termes ; car c'est si *simple* aussi ! Tout le monde sait bien qu'un calendrier se réforme par un calcul de chiffres ; c'est du matériel tout pur et rigoureux, c'est du mathématique. Une Église, au contraire, ne peut se *réformer* qu'en touchant aux principes, au dogme, au culte.

Un *calendrier réformé* est une horloge dont on a retardé ou accéléré le mouvement ; mais c'est la même horloge, les mêmes rouages, la même puissance motrice ; le levier seul est allongé ou raccourci. Mais une *Église réformée* est une Église opposée à celle dont elle sort ; c'est un nouveau système religieux basé sur des croyances, sur des pratiques contraires à celles de la première. Cette *seconde* n'est plus la *première*, qui reste ce qu'elle était, vraie ou fausse ; c'en est une nouvelle qui condamne la première, à tort ou justement, et qui en est aussi condamnée.

Le *calendrier réformé* se compose des mêmes heures, des mêmes jours, mois et années que le calendrier défectueux ; seulement on les a taillés plus justement à la mesure des mouvements astronomiques qui en sont le régulateur. Mais une *Église réformée* qui prétend remplacer une Église corrompue, ne peut se constituer avec les mêmes articles de foi, les mêmes principes de conduite, le même gouvernement pastoral. C'est donc bien véritablement une œuvre nouvelle, et non un raccommodage. Cette réfutation de la comparaison est *très simple*, et de plus elle est vraie.

avait été jusqu'à vous, vous n'auriez pas eu à réformer. Or, si l'Église apostolique n'a pas été jusqu'à vous, vous n'y avez donc pas toujours tenu, vous avez donc été le rameau séparé du cep. Nous savons bien quand eut lieu la rupture ; dites-nous donc quand et comment, depuis, vous avez pu vous rattacher au tronc ?

Non, cet heureux retour n'est point effectué, il n'est qu'imaginaire tant que vous ne viendrez pas, avec nous, reconnaître l'*Église*, l'Église pure et simple.

Cette Église pure et simple est à Rome, où elle a son centre et son chef. L'Église réformée où est-elle ? à Genève ? à Vittemberg ? à Londres ? à Berlin ? Elle n'est nulle part ; car chaque fraction de cette Église prétendue reste où elle est, et ce qu'elle est ; elle ne se réunit point aux autres ; elle garde ses dogmes particuliers ou ses erreurs ; et, pour qu'on la laisse être chez elle ce qu'elle veut être, à son tour elle permet à ses sœurs d'être ce qu'elles sont. Toutes se prêtent ainsi très généreusement et se rendent, avec une bonne foi qui étonne, la plus large tolérance. D'après cela, les protestants disent *nos Églises* (*Exam.*, 70) ; ils ne disent pas *notre Église* : ce mot est catholique et rien que catholique.

Il faut donc bien que M. Delmas en passe par le jugement du monde, qu'il consente à laisser à la société catholique son nom simple d'*Église* que l'univers lui donne depuis dix-huit grands siècles, et que la plus antique, la plus entière prescription lui assure. Il faut que son oreille s'accoutume au mot, que son esprit en accepte l'idée, qu'il convienne d'abord franchement que ce mot, l'*Église*, est spécial et non point ambigu, que ce mot désigne exclusivement la vraie société chrétienne, celle que Jésus-Christ reconnaît.

Il faut ensuite qu'il avoue nettement que ce mot simple, l'*Église*, est incontestablement le nom propre de la société catholique, dont le chef est à Rome, et que, par conséquent, cette Église romaine est véritablement l'Église du Christ. Jésus-Christ a dit : *Mon Église;* l'Église romaine dit : Je suis l'*Église;* l'univers entier dit d'elle : c'est l'*Église*. Ce nom lui restera toujours, et ce nom ne peut lui rester sans lui assurer l'idée complète qu'il renferme. Ici la chose tient au nom, le nom tient à la chose. La France, c'est la France; et la France toujours se nommera simplement la *France;* l'Église, c'est l'Église; et l'Église toujours se nommera simplement l'*Église*.

Oui, les catholiques prennent leur véritable

nom, leur nom connu, en s'appelant l'*Église*. Je comprends que M. Delmas puisse trouver mal posée la question ainsi établie ; mais il faut qu'il nous passe notre nom : nous l'avons toujours pris, on nous l'a toujours donné ; c'est le nom que nous tenons de nos pères ; en remontant l'échelle des siècles jusqu'au Calvaire et au Cénacle, nous en justifiant la possession continue ; il est décisif et péremptoire dans la question de succession apostolique qui le divise d'avec nous : c'est bien fâcheux pour sa cause, mais bien heureux pour la nôtre.

LE MONUMENT FUNÉRAIRE

DE

J. M. SOULLARD

C'est au ciseau de M. Vételet qu'est dû le monument funéraire de M. l'abbé Joseph Soullard.

Sur un terre-plein pourvu de plusieurs marches s'élève un ciborium ou baldaquin ogival à quatre frontons, avec tympans évidés en trilobes. Les acrotères (1) présentent l'aspect de petits bastions reliés entre eux par une galerie crénelée. L'espace circonscrit est occupé par une plate-forme couronnée de créneaux et bastionnée sur ses angles, qui confrontent au sommet des pignons. Au point central et sur un socle carré, orné de crosses végétales à la partie supérieure de ses angles, se dresse une croix fleuronnée. Sous le

(1) On désigne ainsi, dans la représentation du monument funéraire, les détails décoratifs placés au-dessus des colonnes, entre les quatre pignons.

ciborium, dans l'entre-colonnement, apparaît le buste du défunt. Quatre plaques de marbre, fixées sur les quatre faces du soubassement, portent, en caractères gothiques, les inscriptions suivantes :

I.

Ici repose
M. Joseph Soullard, chan. hon.,
Curé-doyen de Matha (1827-1874)
Fondateur du petit séminaire.

II.

Né aux Epesses (Vendée)
Le 2 avril 1795,
Ordonné prêtre le 19 décembre 1818,
Décédé le 25 mars 1879.

III.

Aimé de Dieu et des hommes,
Sa mémoire est en bénédiction.
(Eccli. XLVI.)

IV.

A son apôtre,
Le canton de Matha.
A leur supérieur,
Ses élèves reconnaissants.

Le samedi, 14 mai 1881, Mgr Thomas, évêque de la Rochelle et Saintes, bénit le monument (1).

(1) Grâce au zèle affectueux de M. l'abbé Carot, les frais, qui s'étaient élevés à la somme de 2.500 fr., ont été couverts

« Après avoir donné le sacrement de confirmation, dit le *Bulletin religieux*, à 126 enfants de la paroisse, du petit séminaire, du couvent et des paroisses voisines, Sa Grandeur, malgré les fatigues de sa tournée pastorale, a bien voulu payer un dernier tribut d'éloges à ce digne et saint prêtre qui a laissé dans toute cette contrée un souvenir impérissable.

« C'est avec un abandon plein de charme que le prélat a parlé de celui qu'il aimait d'une affection toute paternelle et d'un amour tout filial. *Heureux ceux qui meurent dans le Seigneur, leurs œuvres les accompagnent ; — Bienheureux ceux qui sont doux ; — Bienheureux ceux qui ont le cœur pur...* tels sont les textes de nos saints Livres qu'il a appliqués au « vieil ami de Jésus » et qu'il a commentés avec bonheur.

« Les fidèles qui se pressaient autour de la chaire se sont ensuite rendus processionnellement au champ de repos. Monseigneur, entouré d'un grand nombre de prêtres, a béni alors le monument.

« La veille, une magnifique couronne envoyée

avec le produit des 1500 exemplaires de la *Notice* biographique due à sa plume, joint aux dons volontaires des anciens élèves de M. Soullard et de quelques amis.

de Paris par un cœur d'élite, comme un pieux
hommage de reconnaissance, avait été déposée
sur la tombe. La Société des dames de charité,
fondée par le défunt, n'avait rien négligé, du reste,
pour orner la pierre qui recouvre les précieux
restes.

« C'est là, au milieu de sa grande famille paroissiale de Matha, que repose le vaillant athlète
de la foi, en attendant que le souffle divin ranime
cette noble poussière et lui donne les qualités des
corps glorieux (1). »

(1) *Loco cit.*, pp. 555-556.

de Paris par un cœur d'élite, comme un pieux

TABLE DES MATIÈRES

CHAPITRE V (1835-1845).

CHAPITRE VI (1845-1849).

POITIERS — TYPOGRAPHIE OUDIN ET Cⁱᵉ.